Mathias Fischedick.
Wer es leicht nimmt, hat es leichter

W0063843

PIPER

Zu diesem Buch

Es ist leicht, das Leben schwer zu nehmen. Aber ist unser
Leben wirklich so kompliziert und hart, wie wir immer meinen? Mathias Fischedick tritt in seinem Buch den Beweis an,
dass wir uns bei der Realisierung unserer Pläne oft nur selbst
im Weg stehen. Denn die Ressourcen, unsere Ziele zu erreichen und glücklich zu werden, tragen wir alle bereits in uns –
wir müssen nur lernen, diese auch zu nutzen. Wir leben mit
einem steinzeitlichen Gehirn in einer modernen Welt und
lassen uns von unserem inneren Jammerlappen immer wieder dazwischenfunken und uns ausbremsen durch die Angst
vor Veränderung. Mathias Fischedick zeigt auf sehr unterhaltsame Weise, wie wir unserem Jammerlappen den Garaus
machen und zu einem glücklicheren und erfolgreicheren
Lebensstil finden.

Mit vielen leicht umsetzbaren Methoden, spannenden Experimenten und aufschlussreichen Beispielen aus der Praxis.

Mathias Fischedick, 1970 in Essen geboren, ist Mentalcoach.
Als ehemaliger Producer in der Medienbranche kommt er aus
der Praxis. Durch seine Führungspositionen bei verschiedenen internationalen TV-Konzernen weiß er, was nachhaltige
Mitarbeitermotivation, kreative Lösungsfindung und klare
Kommunikation bedeuten. Er ist diplomierter Mentalcoach
und diplomierter Systemischer Coach und betreibt eine Coa-
chingpraxis in Köln, außerdem coacht er Führungskräfte in
Unternehmen. Mathias Fischedick hält Vorträge zu Themen
wie Selbstverantwortung und Authentizität.

Mathias Fischedick

WER ES LEICHT NIMMT, HAT ES LEICHTER

Wie wir endlich aufhören, uns selbst im Weg zu stehen

PIPER

Mehr über unsere Autoren und Bücher:
www.piper.de

<u>Wichtiger Hinweis</u>
Wer die in diesem Buch beschriebenen Methoden anwendet, tut dies in
eigener Verantwortung. Die hier vorgestellten Verfahren sind kein Ersatz
für ärztliche oder psychotherapeutische Behandlungen bei ernsthaften
Beschwerden. Eine Haftung des Autors bzw. des Verlages und seiner Beauf-
tragten für Personen-, Sach- oder Vermögensschäden ist ausgeschlossen.

S. 171 f.: *Die Schwierigkeit, es allen recht zu machen,* aus: Nossrat Pesesch-
kian, Der Kaufmann und der Papagei © Fischer Taschenbuch GmbH,
Frankfurt am Main 1979.

Herzlichen Dank an Martin Reinl, den besten Puppenspieler der Welt, dass
er seinen Jammerlappen für die Illustrationen zur Verfügung gestellt hat.

MIX
Papier aus verantwor-
tungsvollen Quellen
FSC
www.fsc.org   FSC® C083411

Originalausgabe
ISBN 978-3-492-30513-6
1. Auflage Mai 2014
7. Auflage März 2018
© Piper Verlag GmbH. München 2014
Abbildungen (Jammerlappen): Martin Reinl
Umschlaggestaltung: FAVORITBUERO, München
Umschlagabbildung: FAVORITBUERO, München
Satz: Kösel Media GmbH, Krugzell
Gesetzt aus der Raleigh
Druck und Bindung: CPI books GmbH, Leck
Printed in the EU

»Gehirn:
Ein Organ, mit dem wir denken, dass wir denken.«
Ambrose Bierce in »Des Teufels Wörterbuch«

Inhaltsverzeichnis

Vorwort

Ist das Wasserglas halb voll oder halb leer? Wer es als halb voll sieht, gilt als hoffnungsloser Optimist, wer es als halb leer bezeichnet, meint, die kalte Realität erkannt zu haben. Es ist leicht, das Leben schwer zu nehmen. Wir finden ohne Schwierigkeiten Gründe, warum unsere Träume wohl immer Träume bleiben werden. Bei der Frage nach unseren Stärken geraten wir schnell ins Stocken. Fragt uns dagegen jemand nach unseren Schwächen und nach den Dingen, die nicht so gut laufen, schütteln wir ganz locker eine lange Liste aus dem Ärmel.

Aber ist das Leben wirklich so kompliziert und hart? Ich behaupte, nein! In diesem Buch möchte ich Ihnen zeigen, dass wir uns oft nur selbst im Weg stehen und uns die Dinge schwerer machen, als sie eigentlich sind. Denn wir nutzen längst nicht unser gesamtes Potenzial. Egal ob Topmanager oder Praktikant, ob Schauspielerin oder Hausfrau, wir alle haben vergleichbare Sorgen und Nöte, viele davon sind hausgemacht. In der Zeit, die ich als Coach Menschen mit unterschiedlichstem Hintergrund unterstütze, haben sich für mich zwei Muster herauskristallisiert, nach denen wir uns das Leben schwer machen: Zum einen möchten wir soziale Anerkennung haben und passen uns deshalb meist lieber an, als unsere wahren Bedürfnisse zu befriedigen – die uns dazu oft nicht einmal bewusst sind. Zum anderen wollen wir unser Leben zwar verändern, sind aber nicht bereit, dafür neue Wege zu gehen. Wir machen weiter wie bisher und hoffen trotzdem, dass alles besser wird. Das Resultat ist eine große Unzufriedenheit. Auch beschleicht uns das Gefühl, dass unsere Umwelt uns im Stich lässt. Dabei haben wir selbst es in der Hand, ob wir glücklich sind oder nicht.

In diesem Buch erfahren Sie, welche im wahrsten Sinne des Wortes steinzeitlichen Denkmuster dafür sorgen, dass wir uns selbst sabotieren, und Sie lernen, diese Muster aktiv zu umgehen. Ich werde Ihnen einfache Methoden zeigen, mit deren Hilfe Sie Sorgen auflösen und Ihre Herzensziele erreichen können. Manche dieser Methoden zeigen schon nach wenigen Minuten eine erstaunliche Wirkung. Unternehmen Sie mit mir eine Reise zu Ihren unbewussten Fähigkeiten. Und entdecken Sie die Ressourcen, die es Ihnen ermöglichen, das Leben zu führen, von dem Sie im Moment nur träumen. Sie tragen schon jetzt alles in sich, was Sie dafür brauchen. Auch wenn Sie es gerade vielleicht nicht glauben: Das Leben kann so einfach sein.

EINLEITUNG

Die Krone der Schöpfung

Wissen Sie eigentlich, wie großartig Sie sind? Also nicht nur Sie, sondern auch ich und alle anderen Menschen auf der Welt? Ich bin immer wieder beeindruckt von den außergewöhnlichen Fähigkeiten, die uns die Natur mitgegeben hat. Wir sind so etwas wie ein fleischgewordenes Schweizer Taschenmesser mit unzähligen Funktionen, von denen wir meist nur die Hälfte nutzen. Die Evolution hat uns bestens ausgerüstet, sodass wir unter den widrigsten Bedingungen überleben können. Klirrend kalte 58 Grad minus im sibirischen Oimjakon stehen wir genauso durch wie flirrend heiße 49 Grad plus im kalifornischen Death Valley. Bis zu 60 Tage ohne Nahrung überleben wir ebenso wie zwei Wochen mit überquellenden Buffets im All-inclusive-Urlaub. Wir können feinmotorische Tätigkeiten ausführen, wie das Einfädeln einer Nadel, aber auch schwere Lasten bewegen, wie einen Kasten Bier oder einen prall gefüllten Koffer. Unser Gehirn ist so leistungsfähig, dass wir uns Hunderttausende Informationen merken oder komplizierte mathematische Gleichungen lösen können. Wir sind so kreativ, dass wir Mittel gegen die verschiedensten Krankheiten finden oder technische Wunderwerke wie Marssonden erschaffen können. Durch unsere hoch entwickelten Kommunikationsfähigkeiten gelingt es uns, Ideen und Wissen mit anderen Menschen zu teilen und so als Team noch mehr zu bewegen. Wir haben also gute Voraussetzungen, um unsere Ziele zu erreichen, uns weiterzuentwickeln und ein zufriedenes und glückliches Leben zu führen. Wäre da nicht diese kleine Stimme in unserem Kopf, die uns immer wieder dazwischenfunkt mit Sätzen wie:

»Ich kann das nicht!«

»Das haben wir doch noch nie gemacht!«

»Die anderen sind schuld!«

Kurz gesagt: Wir jammern! Denn in solchen Momenten nutzen wir nicht unser Potenzial, sondern geben lieber der Welt und allen anderen die Verantwortung für unser Scheitern und unsere Unzufriedenheit. Klar haben wir nicht die Traumfigur, die wir gerne hätten: Wann sollen wir bei unserem vollen Terminplan auch Sport machen und wie uns ausgewogen ernähren? Eigentlich ist an unserem Übergewicht sowieso die Lebensmittelindustrie schuld. Wer kann schon ahnen, dass man von Fertigpizza und Schokoriegeln dick wird, wo all das doch so gut schmeckt. Unser Job wäre großartig, wenn nur die Kollegen nicht wären. Wenn wir es dann nicht schaffen, den Computer zu bedienen, ist natürlich die Technik schuld oder die Programmierer haben mal wieder die Bedürfnisse von uns Nutzern ignoriert. In unserer Beziehung könnten wir so glücklich sein, wenn unser Partner sich endlich ändern oder am besten gleich eine Therapie machen würde.

Seit über einem Jahrzehnt begleite ich als Coach Menschen auf ihrem Weg zum persönlichen Glück und Erfolg. Ich habe Frauen und Männer jeden Alters und mit den unterschiedlichsten Berufen und Erfahrungen gecoached und habe dabei festgestellt: Wir alle ticken in einem Punkt gleich. Wir wissen, was wir wollen, oder ahnen es zumindest und könnten auch die meisten unserer Wünsche in die Tat umsetzen. Aber irgendetwas in uns verhindert, dass wir tatsächlich unsere Ziele erreichen. Wir stehen uns oft selbst im Weg und hoffen oder erwarten sogar, dass andere uns glücklich machen. »Die anderen müssen uns retten!«, flüstert dann diese kleine Stimme in unserem Kopf.

Die Verantwortung für Glück und Erfolg

Wer kann uns glücklich machen? Gerne geben wir diese Verantwortung ab. Im beruflichen Kontext zum Beispiel an unsere Vorgesetzten. Wenn wir keinen Spaß am Job haben, dann liegt das daran, dass der Chef uns nicht genug motiviert und lobt. Wenn wir eine Gehaltserhöhung oder einen Dienstwagen bekämen, dann hätten wir auch wieder mehr Freude an der Arbeit. Wir selbst können ja nichts zu unserer beruflichen Erfüllung beitragen, glauben wir. Bekommen wir dann tatsächlich die ersehnte monetäre oder motorisierte Anerkennung, dann stellen wir ernüchtert fest, dass unsere Unzufriedenheit schon nach kurzer Zeit wiederkehrt. Studien haben gezeigt, dass die Motivation durch mehr Gehalt oder einen Dienstwagen bereits nach maximal drei Monaten nachlässt. Dann sind wir wieder auf uns selbst zurückgeworfen und fordern ein neues »Goodie« vom Chef.

Andere holen sich auf der Suche nach dem persönlichen Wohlergehen Rat von Experten. Diese Fachmänner und -frauen müssen schließlich wissen, was uns glücklich macht. Falls die vorgeschlagenen Strategien dann nicht funktionieren, hat das den zusätzlichen Vorteil, dass wir die Schuld wieder elegant abgeben können. »Die haben doch alle keine Ahnung!« oder »Wenn selbst die Experten uns nicht zu unserem Glück verhelfen können, dann ist die Lage wirklich aussichtslos!«, scheint unsere innere Stimme zu sagen. Wenn wir unsere Hoffnung ausschließlich an die Fähigkeiten von Experten knüpfen, übersehen wir, dass es kein universelles, für alle Menschen geltendes Erfolgsrezept gibt. Es gibt keine allgemeingültige Anleitung, die im Detail beschreibt, welche Schritte wir gehen müssen, um erfolgreich und glücklich zu werden. Auch die Personen, die »es geschafft haben«, können meist nicht genau sagen, welche Faktoren es nun genau waren, die sie zum Ziel geführt haben. Zu viele Dinge haben Einfluss auf unseren Weg und nicht alle sind uns bewusst. Der Versuch, erfolgreiche Menschen zu analysieren, um hinter ihr Geheimnis zu kommen, ist so zum Scheitern verurteilt. Denn worauf soll man sich dabei fokussieren? Was haben alle gemeinsam und was davon ist entscheidend? Alle erfolgreichen und glücklichen Menschen haben auf ihre Art Visionen und planen gewisse Schritte. Sie haben einen bestimmten Tagesrhythmus, schlafen und essen, lesen bestimmte Bücher, kommunizieren, bewegen sich, ebenso kratzen sie sich, wenn es juckt, und sind manchmal faul. Aber in welcher Tätigkeit versteckt sich der Schlüssel zu einem zufriedenen Leben? Ich halte es für einen Irrglauben, dass es ein Patentrezept für Glück und Erfolg gibt. Zu unterschiedlich sind wir von unseren Voraussetzungen, der Erziehung, dem Lebensweg und den aktuellen Gegebenheiten. Deshalb wird ein seriöser Fachmann die Strategie, die bei ihm funktioniert hat, auch nie als Allheilmittel verkaufen. Leider nimmt das nicht jeder Experte so genau.

So sah ich neulich eine Dame im Fernsehen, zu der ein etwas beleibterer Mann mit drei Anliegen kam: Er wollte abnehmen, eine Freundin finden und endlich wieder arbeiten. Die Expertin fragte ihn, mit welchem Thema er anfangen möchte. Der Herr entschied: »Ich möchte gerne als Erstes etwas für meine Figur tun.« Die selbst leicht füllige Dame erwiderte: »Abzunehmen ist die schwierigste der drei Aufgaben, das weiß ich aus eigener Erfahrung. Wir fangen mit dem Job an und der Rest ergibt sich dann sowieso von selbst!« Hier schließt sie von sich auf andere: Nur weil es ihr bisher nicht gelungen ist, nachhaltig abzunehmen, geht sie davon aus, dass dies auch keinem anderen gelingen wird. Dabei gibt es ganz sicher Menschen, die unter denselben Voraussetzungen, die sie mitbringt, sehr wohl erfolgreich abgenommen haben. Dieses Beispiel zeigt sehr gut, dass Experten – genauso wie wir alle – oft nur einen subjektiven Blick auf die Dinge haben und sich auch ab und zu selbst im Weg stehen.

Ich ahne, was Sie jetzt denken: Ja, auch ich habe natürlich eine subjektive Sicht auf die Dinge und genau deswegen kann und werde ich Ihnen auch nicht »den Königsweg« beschreiben, der Sie zum glücklichsten Mensch der Welt macht. Ich teile vielmehr im Verlaufe des Buchs Methoden mit Ihnen, die Ihnen einen neuen Blick auf Ihre Möglichkeiten eröffnen sollen. Damit können Sie dann selbst den Weg entdecken, der Sie persönlich zu Ihrem Ziel führt. Einen Weg, der maßgeschneidert ist für Sie. Denn nur Sie wissen – vielleicht im Moment noch ganz unbewusst –, was gut für Sie ist. Ich möchte Sie lediglich bei Ihren eigenen Entdeckungen und Erkenntnissen begleiten und unterstützen. Nicht mehr, aber auch nicht weniger. So werden Sie sich zudem noch selbst beweisen, dass Sie unabhängig sind von äußerer Motivation oder anderen Menschen, die glauben zu wissen, was für Sie richtig ist.

Manchmal, wenn alles ausweglos scheint, gehen uns vielleicht Dinge durch den Kopf wie »Jetzt kann nur noch ein

Wunder helfen!«. Einige von uns schicken dann Wünsche ans Universum, nehmen Kontakt zu Engeln auf oder investieren ein kleines Vermögen in einen Wahrsager. Tatsächlich funktioniert das manchmal sogar. Meiner Meinung nach aber nur aus einem Grund: weil wir daran glauben. In Wahrheit sind es dann doch wir selbst, die uns über diesen Umweg den richtigen Rat oder die nötige Motivation geben. Das Entscheidende ist, dass Sie Ihre Wünsche ausformulieren – ganz gleich, ob Sie diese ans Universum schicken oder nicht. Denn in dem Moment, in dem wir einen Wunsch in einen konkreten Auftrag fassen, müssen wir uns genauer mit dem auseinandersetzen, was wir wirklich wollen. Das hat den Effekt, dass wir uns selbst bewusst werden, was genau unser Ziel ist. So erhalten wir mehr Klarheit über die Richtung, in die wir wollen, und wir werden ganz unbewusst mehr dafür tun, dorthin zu kommen.

Und genau darum wird es in diesem Buch gehen: Denn weder Ihre Mitmenschen noch die Experten oder Wundermänner und -frauen sind für Ihr Glück verantwortlich, sondern allein Sie selbst! Und Sie tragen schon jetzt das Wissen und die Ressourcen in sich, um Ihre Ziele zu erreichen und glücklich zu werden. Deshalb haben auch nur Sie selbst die Macht und damit auch die Verantwortung, über Ihr persönliches Glück und Ihre Zufriedenheit zu entscheiden.

Aber weshalb fällt es uns so schwer, unser volles Potenzial zu nutzen, um glücklich zu werden? Genau das erfahren Sie im nächsten Kapitel.

DIE STEINZEIT
IN UNSEREM KOPF

Die Ursache

Um es in einem Satz zusammenzufassen: Wir Menschen leben nicht artgerecht! Wir leben mit einem steinzeitlichen Gehirn in einer modernen Welt und stehen uns damit oft selbst im Weg. Seit der Steinzeit hat sich unser Gehirn nicht wesentlich verändert, unsere Umwelt dagegen umso mehr. Während sich das Leben der Menschen über Jahrtausende hinweg in kleinen Gruppen in der offenen Savanne abspielte, leben wir heute in hektischen Städten mit Tausenden oder Millionen anderen Menschen zusammen. Auch die Berufswahl beschränkte sich bei unseren Urahnen auf zwei Möglichkeiten: Jäger oder Sammler – heute dagegen existieren alleine in Deutschland über 350 anerkannte Ausbildungsberufe. Während unsere Vorfahren das Abendessen unter vollem Körpereinsatz selber jagten, bewegen wir nur noch unseren Daumen und unseren Mund, um beim Pizzaservice anzurufen. All dies führt dazu, dass sich Menschen einsam fühlen, der Stress im Beruf uns auf Dauer krank machen kann und die Menschen im Durchschnitt immer dicker werden. Entscheidend für die fehlende Zufriedenheit sind dabei in meinen Augen vor allen die beiden folgenden »Altlasten« unserer steinzeitlichen Vorfahren:

Der »Herdentrieb«

Unseren Urahnen war es aufgrund der widrigen Umstände fast unmöglich, alleine, ohne die Sippe zu überleben. Die Gemeinschaft war nötig, um sich gegenseitig zu unterstützen. Die einen waren vielleicht die besseren Jäger, wussten aber nicht, wo sie welche Früchte finden konnten oder welche Wirkung bestimmte Kräuter haben. Dafür waren andere nicht so geschickt und kräftig, um Tiere zu jagen, hatten aber die Erfahrung, um genießbare Pflanzen zu finden. Zudem bot die Gruppe Schutz vor Angreifern menschlicher oder tierischer Natur. Alleine konnte man es schlecht mit einem Rudel hungriger Löwen aufnehmen.

Und so war es überlebensnotwendig, alles zu tun, um einen Verstoß aus der Sippe zu vermeiden. Befolgte man die Regeln des Anführers und stellte seine eigenen Ansichten und Wünsche zurück, genoss man die Sicherheit der Gemeinschaft. Setzte man seinen eigenen Kopf durch, führte dies zum Verstoß aus der Gruppe, was einem Todesurteil gleichkam.

Tief in uns ist dieses Verhaltensmuster auch heute noch verwurzelt, obwohl wir in der modernen Welt sehr gut alleine überleben können. Die steinzeitliche Überlebensstrategie, sich der Gemeinschaft anzupassen, bewirkt heute eher, dass wir unsere wahren Wünsche und Ziele verleugnen und uns damit selbst blockieren. Tief in uns spüren wir eine Zerrissenheit. Auf der einen Seite haben wir den Urinstinkt, dass wir »der Norm« entsprechen müssen, um dazuzugehören. Auf der anderen Seite ist da dieser unbändige Wunsch, uns selbst zu finden und zu verwirklichen. Die Dinge zu tun, nach denen wir uns sehnen, die uns glücklich machen, auch wenn sie vielleicht nicht als »normal« angesehen werden.

Statt unsere eigenen Ziele zu verwirklichen, führen wir ein

angepasstes Leben in der Gemeinschaft. Es ist dann so, als würde eine innere Stimme Dinge sagen wie:

»Du musst es den anderen recht machen!«

»Was sollen denn die anderen Leute denken?«

»Nimm dich nicht so wichtig!«

Der steinzeitliche »Herdentrieb« sorgt in solchen Fällen dafür, dass wir uns selbst verleugnen und Ziele verfolgen, die gar nicht wirklich unsere eigenen sind.

Die Angst vor Veränderung

Das zweite steinzeitliche Erbe, das unserem Glück und unserer Zufriedenheit im Weg steht, ist die Angst vor Veränderung. Für unsere Urahnen wäre es leichtsinnig gewesen, offen auf alles Unbekannte und Neue zuzugehen. Man war gut damit beraten, das bekannte Terrain nicht zu verlassen. Überall hätte eine tödliche Gefahr lauern können – vielleicht ein wildes Tier, eine gefährliche Felsspalte oder eine unbekannte giftige Pflanze. Und so war es extrem sinnvoll, Neuem erst einmal skeptisch gegenüberzustehen. Dass Sie, liebe Leserin, lieber Leser, auf der Welt sind, ist der Beweis, dass bei Ihren Vorfahren diese Vermeidungsstrategie funktioniert hat. Nur so konnten sie überleben und ihr Erbgut weitergeben, das nun auch Teil Ihrer Zellen ist. Andere Steinzeitmenschen, die leichtfertig den sicheren, bekannten Bereich verlassen haben, um neue Erfahrungen zu machen, bezahlten dafür häufig mit dem Tod und sorgten so selbst dafür, dass sie und ihre leichtsinnige Art aus dem Genpool verschwanden. Aus diesem Grund konnte sich der geschilderte Überlebensmechanismus über viele Generationen immer mehr verfestigen.

Die Angst vor Unbekanntem ist noch immer so tief in uns Menschen verwurzelt, dass wir auch heute, ganz unbewusst,

Veränderungen skeptisch gegenüberstehen und sie zu vermeiden versuchen. Die kleine Stimme in unserem Kopf steuert uns dann mit Sätzen wie:

»Das macht man doch nicht!«

»Keine Experimente!«

»Schuster, bleib bei deinen Leisten!«

Die steinzeitliche Angst vor Veränderungen führt dazu, dass wir auch heute häufig einen inneren Widerstand gegen Neues und Unbekanntes verspüren, an Altem festhalten und so selbst verhindern, dass wir unseren Zielen näherkommen.

Vom Beschützer zum Jammerlappen

Die eben beschriebenen Denkmuster, die das Überleben unserer Vorfahren gesichert haben, waren so etwas wie ein unbewusster Beschützer. Der Haken bei der Sache ist nur, dass sich unser Gehirn seit der Steinzeit in diesen Punkten nicht wirklich weiterentwickelt hat. Ihr Smartphone und Ihr Computer hatten im letzten Jahr mehr Updates als unser Gehirn in den letzten 100 000 Jahren. Dadurch wurde über die Jahrtausende aus dem realistischen, nützlichen Beschützer ein übervorsichtiger, hinderlicher Jammerlappen, der mit den heutigen Gegebenheiten vollkommen überfordert ist und hinter harmlosen Dingen eine Lebensgefahr vermutet. Und genau dieser innere Jammerlappen sorgt dafür, dass wir uns selbst im Weg stehen und unsere Möglichkeiten nicht nutzen. Er ist es, der uns Sätze einflüstert wie:

»Was sollen denn die anderen Leute denken?«

»Das haben wir doch noch nie so gemacht!«

In meiner Phantasie sieht unser steinzeitlicher Jammerlappen ungefähr so aus:

Als Erstes ist Ihnen vielleicht sein leidender Blick aufgefallen. Der Jammerlappen tut sich auf der einen Seite selber leid, dass er so ein schweres Leben führt, voller Gefahren und Schwierigkeiten. Auf der anderen Seite versucht er, durch seinen verzweifelten Blick andere dazu zu bewegen, ihm beim Erreichen seiner Ziele zu helfen. Er selbst ist dazu ja nicht in der Lage, da er so schrecklich hilflos ist … meint er zumindest. Der Jammerlappen ist außerdem sehr kurzsichtig und so kann er nur das ganz klar erkennen, was sich direkt vor ihm in greifbarer Nähe befindet. Alle Chancen und Möglichkeiten, die etwas weiter entfernt sind, sieht er nur unscharf und sie machen ihm Angst.

Der Stoff, aus dem er besteht, ist farblos und weich gespült. Er spiegelt das wider, was der Jammerlappen denkt: »Das Leben ist eintönig und ich bin ja so kraftlos.«

Wenn Sie sich den unteren Teil des Jammerlappens anschauen, dann sehen Sie, dass Sie nichts sehen. Er hat nämlich keine Beine und kann sich daher nur sehr schlecht von der Stelle bewegen. Und so verharrt er auf seinem Standpunkt und gibt gleichzeitig vor, dass er sich ja so gerne ändern würde, wenn er doch nur beweglicher wäre. Hoffnungsvoll wartet er darauf, dass vielleicht irgendwann jemand vorbeikommt, um ihn zu retten und ihn ganz bequem dorthin zu tragen, wo er so gerne hin würde.

Die Hobbys des kleinen Jammerlappens sind interpretieren, sich Sorgen machen und katastrophisieren. Er sieht die Welt dunkler und gefährlicher, als sie ist, entdeckt überall vermeintliche Gefahren und ist dabei noch übersensibel. Er ist wie eine Alarmanlage, die viel zu empfindlich eingestellt wurde und bei jeder Kleinigkeit Alarm auslöst.

Auch wenn wir es nicht wahrhaben wollen: Jeder von uns hat so einen kleinen »Jammerlappen« in sich, der sich mit seinen steinzeitlichen Denkmustern in unser Leben einmischt. Und der kleine Kerl versteht es meisterhaft, sich zu tarnen, sodass wir manchmal gar nicht bemerken, dass wir uns gerade ganz ohne Grund klein und hilflos fühlen.

Eine seiner Spezialitäten ist das sogenannte »Verbündungsjammern«. Ganz unbewusst fühlen wir uns mit anderen Menschen enger verbunden, wenn wir gemeinsam jammern. Stellen Sie sich vor, Sie haben Ihren Arbeitgeber gewechselt, es ist die erste Woche in der neuen Firma. In einer Kaffeepause stehen Sie mit anderen Mitarbeitern in der Küche zusammen, trinken Kaffee, essen vielleicht eine Kleinigkeit und kommen ins Gespräch. Die Kollegen regen sich gemeinsam über gewisse Zustände im Unternehmen auf: die vielen Überstunden, die geringen Sonderleistungen, die unfähigen Chefs und das schlechte Essen in der Kantine. Und nun kommen Sie ins Spiel. Sie sind überrascht über die Aussagen und schwärmen von den Arbeitsbedingungen, sind begeistert, was dieses Unternehmen so alles bietet. Sie loben das positive Betriebsklima, die netten Vorgesetzten und das köstliche Essen in der Kantine. Was glauben Sie, wie die Kollegen reagieren? Werden sie sich Ihnen zuwenden und Ihnen recht geben, dass ihr Arbeitgeber im Grunde traumhafte Arbeitsbedingungen bietet? Oder werden sie zum Großteil eher irritiert schauen und die gemeinsame Pause mit Ihnen möglichst schnell beenden?

Und nun eine andere Variante: Sie befinden sich in derselben Situation wie zuvor, stehen zu Beginn Ihrer neuen Tätigkeit mit den Kollegen in der Kaffeeküche, diese jammern über die Arbeitsbedingungen. Diesmal halten Sie sich mit der Begeisterung über den neuen Arbeitgeber zurück. Wenn Sie doch etwas lobenswert erwähnen, relativieren Sie es direkt wieder. Das Essen in der Kantine schmeckt prima, allerdings kennen Sie das ja von anderen Firmen, am Anfang ist alles neu und gut, aber mit der Zeit wiederholen sich die Gerichte sehr schnell und werden einem über. Und was die Köche da ins Essen mischen, damit es gut schmeckt, möchte man ja eigentlich auch gar nicht wissen. Diese eine Führungskraft ist ja wirklich nett, aber genau so einen Typ Chef hatten Sie schon mal und der war nur so zuvorkommend, damit man auch die ganzen unbezahlten Überstunden und Sonderaufgaben übernimmt. Und dass die Büros so schick eingerichtet sind, ist ja wohl das Mindeste bei dem Arbeitsvolumen, das man zu bewältigen hat. Was denken Sie, wie die Kollegen jetzt reagieren?

Bei welcher der beiden Varianten wird wohl schneller das Gefühl einer Gemeinschaft entstehen? Leider zumeist beim gemeinsamen Jammern, denn dadurch erfüllen Sie eine Regel unseres steinzeitlichen Denkens: »Pass dich der Gemeinschaft an, damit du in ihr aufgenommen wirst und nicht hilflos alleine dastehst.«

Die Kiste in unserem Kopf

Wie sehr uns die steinzeitlichen Denkmuster einschränken, ist uns selten bewusst. Mit dem folgenden Experiment können Sie sich selbst davon überzeugen, wie überempfindlich unser Gehirn auf die kleinsten Veränderungen reagiert.

||||||||||||Experiment

»Verschränkte Finger«

Bitte verschränken Sie die Finger Ihrer Hände, wie Sie es beim Beten tun.

1. Machen Sie sich bewusst, welcher Ihrer beiden Daumen oben liegt. Ist es der rechte oder der linke?

2. Nehmen Sie Ihre Hände wieder auseinander, schütteln Sie diese aus und verschränken wieder die Finger.

3. Welcher Daumen liegt jetzt oben?

4. Trennen und schütteln Sie noch einmal Ihre Hände und verschränken Sie noch einmal Ihre Finger.

5. Welcher Daumen ist nun der obere?

Ich bin kein Hellseher und trotzdem bin ich mir sicher, dass es immer derselbe Daumen ist – aus Gewohnheit. Und nun schaffen Sie bewusst eine kleine Veränderung des »Normalzustandes«:

1. Verschränken Sie noch einmal Ihre Hände.

2. Tauschen Sie die Reihenfolge Ihrer Finger. Angefangen bei den kleinen Fingern, dann Ringfinger usw. bis am Ende auch die Daumen getauscht sind, sodass nun der Daumen oben liegt, der zuvor nie der obere war.

Wie fühlt sich das an? Komisch, oder? Ein unangenehmes Gefühl und vielleicht haben Sie jetzt sogar das Verlangen, die Hände wieder zu trennen oder zumindest die Reihenfolge der Finger zurückzuändern in Ihr gewohntes Muster.

Dieses Experiment hat Sie erleben lassen, wie sehr unsere steinzeitlichen Denkmuster oder, bildlich gesprochen, unser kleiner Jammerlappen uns davon abhalten will, Dinge anders zu tun als sonst. Wir haben uns irgendwann in der Kindheit angewöhnt, unsere Hände auf eine bestimmte Art und Weise zu falten. Unser Jammerlappen hat gelernt, dass uns nichts geschieht, wenn wir die Hände in dieser Art verschränken, und so wurde das Verhalten auf einer Art internen Liste unter den Attributen »ungefährlich, vielleicht sogar hilfreich« abgespeichert. Von da an schenkte unser Gehirn der Art, wie wir unsere Hände falten, keine große Aufmerksamkeit mehr, dies hatte ja schließlich die Unbedenklichkeitsüberprüfung bestanden. Eben gerade hatten Sie aber die volle Aufmerksamkeit Ihres Jammerlappens, da Sie etwas Ungewöhnliches getan haben: Sie haben Ihre Hände auf eine andere Art verschränkt. Dabei ist es vollkommen gleichgültig, wie Sie Ihre Hände falten, zumindest ist die ungewohnte Art nicht lebensbedrohlich. Trotzdem reagiert Ihr Gehirn übervorsichtig und möchte Sie am liebsten davon abhalten, Ihr Verhalten »fahrlässig« zu verändern.

Wenn eine solch kleine Abweichung von unserem üblichen Verhalten unser Gehirn schon in Alarmbereitschaft versetzt, wie ist es dann erst bei etwas größeren Veränderungen, die nötig werden, wenn Sie mit Ihrem aktuellen Leben nicht mehr zufrieden sind? Ihre Arbeit macht Ihnen keinen Spaß mehr, aber diese kleine Stimme gibt zu bedenken: »Behalte deine Stelle besser, da weißt du, was du hast!« oder »Mach dich bloß nicht selbstständig, das ist viel zu gefährlich!« Vielleicht möchten Sie auch nur Ihr Aussehen verändern. »Das kannst du doch nicht anziehen, und die Frisur ist viel zu gewagt. Was sollen denn die Leute denken?«, heißt es dann. Oder Sie möchten sich von Ihrem Partner oder Ihrer Partnerin trennen, weil es einfach nicht mehr passt. Auch dann werden sich die steinzeitlichen Denkmuster melden mit Ratschlägen wie »Wenn du dich jetzt trennst, wirst du nie wieder so einen Lebenspartner finden. Du wirst auch nicht jünger!« Und gehen Ihnen diese Sätze gar nicht selbst durch den Kopf, dann kommen Sie früher oder später von Ihren Mitmenschen und der kleine Jammerlappen in Ihrem Gehirn wird zustimmend nicken. Ihnen fallen wahrscheinlich noch viele weitere Situationen ein, in denen Sie einen inneren Widerstand vor Neuerungen und Veränderungen gespürt haben.

Unser steinzeitliches Gehirn klammert sich aber nicht nur am Gewohnten fest, um uns vor vermeintlichen Gefahren zu schützen, sondern es ist auch ständig damit beschäftigt, zu beobachten und zu analysieren, was außerdem noch alles lebensbedrohlich für uns sein könnte und daher vermieden werden sollte. In der Steinzeit sah das dann vielleicht so aus, dass unsere Vorfahren einen Stammesgenossen dabei beobachtet haben, wie er leichtfertig auf eine Beerenart an einem Strauch zustürmte, die er noch nie zuvor gesehen hatte. Während jene Urahnen, bei denen der mentale Beschützer bestens funktionierte, nie auf die Idee gekommen wären, diese unbekannte Frucht zu probieren, hat der neugierige Stammesgenosse sich die Beere direkt in den Mund gesteckt und sah sich schon als der Entdecker einer neuen kulinarischen Sensation. Und während er noch darüber nachdachte, was diese neuartige Beere für seine Zukunft bedeuten könnte, wunderte er sich vielleicht, warum sie so bitter schmeckte, und stellte überrascht fest, dass er seine Beine nicht mehr bewegen konnte, seine Arme nicht mehr spürte und ihm das Atmen immer schwerer fiel. Kurz bevor er sich durch den Genuss der unbekannten Frucht selbst in die ewigen Jagdgründe beförderte, wurde ihm dann klar, warum wohl noch nie jemand zuvor davon gekostet hatte. Unsere Vorfahren haben das Ganze aus sicherer Entfernung betrachtet und daraus gelernt, dass diese Beere auch in Zukunft am Strauch bleiben sollte.

Genauso wie damals sammelt unser Gehirn auch heute noch durch Beobachten Informationen über all die Dinge und Verhaltensweisen, die unser Leben gefährden könnten. Deshalb gibt es für unseren Jammerlappen auch nichts Schöneres als einen Abend vor dem Fernseher. Dort bekommt er zwar jede Menge Horrorszenarien frei Haus geliefert, ihm kann aber nichts passieren. Der Haken bei der Sache ist nur, dass unser Gehirn nicht zwischen realen und fiktiven Gefahren unterscheidet. Angenommen, Sie schauen Nachrichten. Dabei wird über einen Wirbelsturm berichtet, der viele Verletzte und Todesopfer durch herumfliegende Trümmerteile gefordert hat. Danach sehen Sie einen Werbespot, in dem behauptet wird, eine Hausfrau könne den Haushalt ohne das neue antibakterielle Handwaschmittel einfach nicht in den Griff bekommen. Unser Jammerlappen lernt daraus, dass Wirbelstürme gefährlich sind, da man durch herumfliegende Trümmerteile erschlagen werden könnte. Aber er glaubt nun ebenfalls, normale Handwaschseife sei gefährlich, da man sich damit nicht die ganzen hinterhältigen Bakterien vom Hals halten könne, die überall im Haushalt lauern. Wir werden in Zukunft, ganz unbewusst, Schutz suchen, sollte ein Sturm im Anmarsch sein. Diese Lernerfahrung ist sinnvoll, da Wirbelstürme tatsächlich lebensbedrohlich sein können. Allerdings steigt auch die Wahrscheinlichkeit, dass wir beim nächsten Supermarktbesuch intuitiv nach dem antibakteriellen Handwaschmittel greifen, auch wenn dieses in Wahrheit vollkommen überflüssig ist. Obwohl wir bisher bestens ohne antibakterielle Mittel im Haushalt überlebt haben, schafft es die Werbung durch die suggerierte Gefahr, ganz gezielt unseren Jammerlappen zu kitzeln. Noch nie gab es so viele antibakterielle Mittel wie heute. Antibakterielle Spülmittel, Feuchttücher, Badreiniger, Mundspülungen, Zahncremes, außerdem Wäsche-Hygienespüler, Hand-Desinfektionsgels für unterwegs, Desinfektions-Oberflächensprays, antimikrobielle Textilien und Schneidebretter und vieles mehr. Wie haben wir nur die letzten Jahrtausende ohne all dies überlebt? Mein absolutes Highlight sind antibakterielle Müllbeutel. Ja, Sie haben richtig gelesen! Wenn Sie das nächste Mal in einen Drogeriemarkt gehen, halten Sie Ausschau danach. Es klingt absurd, aber es gibt sie tatsächlich und wir kaufen diesen Quatsch, obwohl uns unser Verstand sagt, dass er unnötig ist. Die steinzeitlichen Überlebensstrategien sind stärker als unsere Ratio.

Fernsehen, Radio, Internet, Zeitungen und Zeitschriften, all dies sind Quellen für unser Gehirn, aus denen es noch mehr Informationen darüber sammelt, was wir alles tunlichst vermeiden sollten, da ansonsten unser Leben angeblich in Gefahr ist. Dazu kommt, dass die kleinen Jammerlappen in den Gehirnen unserer Mitmenschen sehr gerne ihr Wissen teilen. Das konnte ich am eigenen Leib erfahren, als ich vor einigen Jahren kurz vor meiner Mandel-OP stand. Fast jeder, dem ich davon erzählte, berichtete mir von den schrecklichen Geschichten, die er oder sie schon über solche Operationen gehört oder selbst erlebt hatte. Narkosen, die einen tagelang aus der Bahn werfen, wochenlange Schmerzen oder eine Verschlimmerung der Symptome, nachdem die Mandeln raus sind. Ich solle mir das wirklich noch mal überlegen, war die einhellige Meinung meiner Mitmenschen, respektive ihrer kleinen Jammerlappen. Trotzdem habe ich die OP machen lassen, hatte nur leichte Schmerzen und bin froh, dass meine Mandeln nun draußen sind.

Wenn wir es zulassen, dass unser Gehirn seine Sammlung an Horrorszenarien immer weiter ergänzt, dann schränken wir uns mehr und mehr ein. Zu jedem Thema befindet sich mindestens ein Eintrag auf unserer mentalen »Auf jeden Fall vermeiden, da gefährlich«-Liste. Und so verkleinern wir, ganz unbewusst, unseren Spielraum immer weiter. Das Ergebnis sehen Sie hier:

Das ist die Welt, in der sich unser Jammerlappen so richtig wohlfühlt. Seine Sicherheitszone ist quadratisch, praktisch, gut. Vielleicht ein wenig eintönig, dafür aber überschaubar. Da weiß man, was man hat.

Wenn es nur nach unserem kleinen Jammerlappen ginge, würden wir alles »wie immer« machen. Den gleichen Job, die gleiche Wohnung, die gleichen Freunde, den gleichen Tages- und Wochenablauf. Auch wenn sich unser steinzeitliches Gehirn in dieser berechenbaren Umgebung wohlfühlt, so spüren wir doch eine gewisse Unzufriedenheit. Wir ahnen, dass es noch viel mehr zu entdecken und zu erreichen gibt, allerdings außerhalb der sicheren mentalen Kiste, in der uns unser Jammerlappen zu halten versucht.

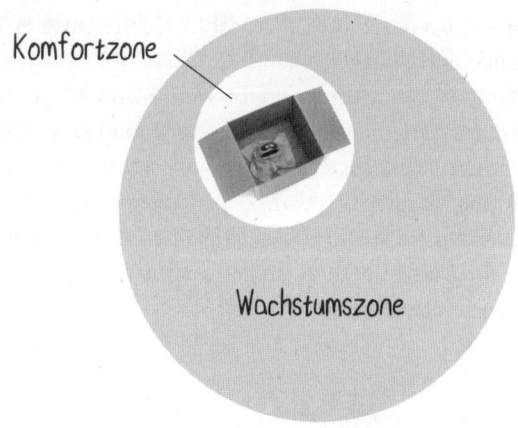

Wir sind ständig hin- und hergerissen zwischen dem sicheren Leben in der Kiste (unserer Komfortzone) und dem Abenteuer, außerhalb der Kiste Neues zu entdecken und zu wachsen (unserer Wachstumszone). Für das Verharren in der Komfortzone sprechen unser Wunsch nach Sicherheit und die Bindung an unsere Freunde und die Familie. Für das Erkunden der Wachstumszone spricht unser Drang, uns selbst zu verwirklichen und weiterzuentwickeln.

Bleiben wir brav in der mentalen Kiste, spüren wir, dass wir uns selbst begrenzen. Da wir nicht wahrhaben wollen, dass wir selbst die Verantwortung für diesen unbefriedigenden Zustand tragen, geben wir gerne den äußeren Umständen und unseren Mitmenschen die Schuld daran. Wagen wir dagegen den Schritt in die unbekannte Welt außerhalb der Komfortzone, meldet sich unser kleiner Jammerlappen, um uns davon abzuhalten. Er möchte lieber, dass alles beim Alten bleibt und wir es den anderen recht machen. Ab und an versuchen auch unsere Mitmenschen, uns von einem Wandel abzuhalten, denn schließlich betrifft es auch sie, wenn wir uns verändern. Auch hier steckt wieder der kleine Jammerlappen dahinter, diesmal im Gehirn unserer Familie, Freunde und Kollegen.

Die gute Nachricht: Es gibt Mittel und Wege, um sich selbst aus diesem Dilemma zu befreien und neue Freiheit zu gewinnen. Im nächsten Kapitel gebe ich Ihnen einen Überblick über die AUSGEJAMMERT!-Strategie, die Ihnen helfen wird, Ihren Jammerlappen in die Schranken zu weisen und Ihre Komfortzone zu erweitern, sodass Sie glücklich und zufrieden leben können.

Hallo liebe Leserin,
hallo lieber Leser,

ich bin's, Ihr Jammerlappen. Ich muss mich an dieser Stelle einschalten, bevor es zu spät ist. Lesen Sie auf keinen Fall weiter!

Da wir uns jetzt schon so lange kennen und ich mich recht wohl bei Ihnen fühle, sehe ich es als meine Pflicht an, Sie vor diesem Buch zu warnen! Der Herr Fischedick will Ihnen hier allen Ernstes einreden, dass Sie selber etwas an Ihrem Leben ändern könnten. Und wir beide wissen doch ganz genau, dass das Humbug ist. Was können wir schon beeinflussen? Die anderen sind doch schuld an unserer Situation und das eigene Schicksal kann man nun mal nicht beeinflussen. Das scheint dieser sogenannte »Mentalcoach« aber nicht zu wissen.

Außerdem ist Ihr Leben doch gut, so wie es jetzt ist. Da weiß man wenigstens, was man hat. Es ist alles so komfortabel, vorhersehbar und sicher. Und langweilig wird es auch nicht, denn ich habe so viele schöne Leidensgeschichten zu erzählen, die kann man gar nicht oft genug hören. Wir ziehen das zusammen durch und warten ganz gemütlich darauf, dass uns jemand rettet und dafür sorgt, dass wir endlich all das bekom-

men, was wir vom Leben erwarten. Da braucht man
jede Menge Durchhaltevermögen und das habe ich! Da
können Sie sich auf mich verlassen.

Also lassen Sie schön die Finger von diesem Buch,
das braucht kein Mensch! Vertrauen Sie mir, ich kenn
mich da besser aus.

Ihr

Jammerlappen

IHR WEG ZU IHREM VOLLEN POTENZIAL

Auf den Schultern von Riesen

»Wenn ich weiter sehen konnte, so deshalb,
weil ich auf den Schultern von Riesen stand.«
Isaac Newton (1643–1727)

Die folgende Strategie zu einem selbstbestimmten, freien Leben hätte ich nicht entwickeln können ohne die Studien erfahrener Evolutions- und Verhaltensforscher, Psychologen, Körpertherapeuten und anderer Wissenschaftler. Mein System basiert auf aktuellen Erkenntnissen namhafter Experten aus aller Welt. Ich stehe also auf den Schultern von wissenschaftlichen Riesen und möchte Sie einladen, den Ausblick mit mir zu teilen.

Neben den wissenschaftlichen Grundlagen beruht die AUS-GEJAMMERT!-Strategie auf meinen Erfahrungen als Coach, die ich über die Jahre immer weiter verfeinern konnte. Sie halten also keine Schreibtischidee in den Händen, sondern ein erprobtes, wirkungsvolles Konzept. Mein Ziel dabei war es, simple, aber dennoch wirkungsvolle Methoden zu finden, diese weiterzuentwickeln und zu einem System zusammenzustellen, das einem dabei hilft, innerlich zu wachsen und zufriedener zu leben.

Die **AUSGEJAMMERT!**-Strategie

Das System besteht aus drei Phasen, die ich Ihnen hier in der Übersicht vorstellen möchte:

1. Automatikmodus abschalten

Hier geht es um die Erkenntnis, dass wir es selbst in der Hand haben, wie wir unsere Chancen erkennen und nutzen. Sie erfahren, wie Sie dafür sorgen, dass nicht die steinzeitlichen Denkstrukturen Ihr Leben steuern, sondern Sie ganz bewusst Ihr gesamtes Hirnpotenzial aktivieren. Es geht darum, nicht mehr zu reagieren, sondern zu agieren. Sie lernen, mentale Blockaden abzustellen und sich selbst in einen entspannten, ressourcenvollen Zustand zu bringen – die Grundvoraussetzung für die beiden nächsten Phasen.

2. Flexibilität trainieren

Gewohnheiten erleichtern unser Leben, schränken uns aber gleichzeitig auch ein. Gerade in der heutigen Zeit ist nicht derjenige am erfolgreichsten, der am besten weiß, wie es gestern funktioniert hat, sondern der mit den meisten Handlungsalternativen. Je flexibler Sie sind, desto souveräner können Sie mit neuen Situationen umgehen und diese für sich nutzen. In dieser Phase der AUSGEJAMMERT!-Strategie trainieren Sie Ihre geistige Flexibilität durch einfache Übungen, die zudem auch noch Spaß machen. Damit sind Sie bestens vorbereitet, um in der nächsten Phase Ihre Komfortzone zu verlassen und neue Wege zu gehen.

3. Neuen Spielraum nutzen

Ihre neu erworbenen Denk- und Verhaltensmuster können Sie nun nutzen, um Ihre neue Freiheit zu genießen. Dieser Teil ist der wichtigste des ganzen Buches, denn hier gebe ich Ihnen ein System an die Hand, mit dessen Hilfe Sie herausfinden können, was Ihre unbewussten Bedürfnisse sind, was Sie wirklich glücklich macht und wie Sie diese Ziele mit Leichtigkeit erreichen können.

Jede Phase der AUSGEJAMMERT!-Strategie besteht aus verschiedenen Elementen. Durch **Beispiele aus meiner Praxis** und **wissenschaftliche Hintergründe** erfahren Sie, warum die einzelnen Aspekte einen Einfluss auf unser Wohlergehen haben.

Hin und wieder lade ich Sie zu kleinen **Experimenten** ein, die Ihnen Zusammenhänge deutlicher machen, indem Sie diese selbst erleben können.

Die verschiedenen »**Tools**« sind das Herzstück dieses Buches. Es sind Methoden, mit denen Sie den kleinen Jammerlappen in Ihrem Kopf austricksen können, um Ihr volles Potenzial zu nutzen und Ihre Ziele zu erreichen. Dabei gibt es kein starres System, nach dem Sie die Tools benutzen müssen. Finden Sie für sich selbst heraus, was am besten für Sie funktioniert und die größte Wirkung zeigt. So stellen Sie nach und nach Ihr persönliches Programm zusammen, das für Sie den größten Effekt hat.

 Zu einigen der Tools finden Sie **Audiofiles** auf meiner Homepage www.Mathias-Fischedick.de/leichter.html als kostenlose Downloads. Es handelt sich dabei um gesprochene Anleitungen zu den entsprechenden Mentalübungen. So können Sie sich ganz auf die Umsetzung konzentrieren, ohne sich vorab die einzelnen Schritte der Methoden merken zu müssen.

Sie werden sich vielleicht an der einen oder anderen Stelle fragen, ob die einfachen Methoden der AUSGEJAMMERT!-Strategie wirklich ausreichen, um große Veränderungen zu erzielen. Genau das ist der Fall. In meinen Jahren als Coach habe ich immer wieder festgestellt, dass es nicht die komplizierten Systeme und Methoden sind, die Großes bewegen, sondern die kleinen Impulse – solange sie an der richtigen Stelle ansetzen. Dazu fällt mir eine Geschichte ein. Sie spielt in der Zeit, in der Dampfschiffe noch in Mode waren.

Ein besonders prachtvolles Exemplar gehörte einem sehr reichen Mann, der extrem stolz auf dieses Schiff war, das sich kraftvoll schnaufend den Weg durch den stärksten Seegang bahnte. Eines Tages, nach einer besonders schwierigen Überfahrt in ein fremdes Land, gab die Dampfmaschine ihren Geist auf. Egal, was die Besatzung auch versuchte, der

Antrieb wollte einfach nicht mehr funktionieren. Nach und nach wurde jeder Mechaniker und Ingenieur des Landes gebeten, sein Glück zu versuchen. Alle Bemühungen blieben erfolglos. Schließlich wurde dem wohlhabenden Schiffseigner zugetragen, dass es einen weisen alten Schiffsbauer gäbe, der vielleicht helfen könne. Allerdings zu einem horrenden Preis. Der reiche Mann stimmte sofort zu, diesen Experten bringen zu lassen.

Schon bald traf der alte, weise Mann ein. Er untersuchte sorgfältig das Gewirr an Rohren und Schläuchen, das die einzelnen Teile des Dampfantriebes miteinander verband. Hin und wieder legte er eine Hand auf eines der Rohre, um die Temperatur zu kontrollieren. Schließlich griff der alte Bootsbauer in seine Tasche und zog einen kleinen Hammer hervor. Vorsichtig klopfte er damit gegen eine der Rohrleitungen. Im selben Moment war ein Zischen zu hören, der Dampf strömte wieder durch die Leitungen und die Maschine erwachte zu neuem Leben. Der weise Mann verstaute den Hammer sorgfältig zurück in seiner Tasche.

Als der überglückliche Schiffseigner den Mann nach seinem Honorar fragte, nannte dieser einen Preis von zehntausend Pfund. Ein stattlicher Betrag für die damalige Zeit. Der Auftraggeber war entsetzt: »Sie haben doch fast nichts gemacht! Nennen Sie mir einen triftigen Grund für diese unverschämte Summe oder ich lasse Sie verhaften!«

Der Alte notierte etwas auf einem Fetzen Papier und reichte ihn dem Eigner. Der wohlhabende Mann lächelte, als er den Zettel las, und entschuldigte sich bei dem Schiffsbauer für seinen rüden Ton.

Das stand auf dem Zettel:

Betrag für die Hammerschläge	£ 1
Betrag für das Wissen, wo zu schlagen ist	£ 9.999

Ihre Entscheidung

Warten Sie nicht auf einen schweren Einschnitt in Ihrem Leben, um sich gezwungenermaßen zu verändern. Entscheiden Sie sich jetzt, die volle Verantwortung für Ihr Leben zu übernehmen. Sobald Sie diesen Schritt gehen, gewinnen Sie automatisch eine größere Freiheit. Verantwortung und Freiheit sind wie siamesische Zwillinge, das eine gibt es nicht ohne das andere. Wollen Sie mehr Freiheit, bekommen Sie diese nur, wenn Sie die Verantwortung für sich übernehmen. Je klarer Sie sich dazu bekennen, umso wirkungsvoller wird auch die AUSGEJAMMERT!-Strategie für Sie sein. Versuchen Sie es nicht nur, sondern erlauben Sie sich selbst, Dinge anders zu tun.

Es mag sein, dass Sie bei der einen oder anderen Methode aus diesem Buch zweifeln werden, ob sie wirklich so einfach wirkt. Oder Sie werden mir in einzelnen Punkten nicht zustimmen. Es ist Ihre Entscheidung, ob Sie auf Ihrem Standpunkt beharren oder sich auf das Neue einlassen. Der Philosoph Eric Hoffer sagte einmal: »In Zeiten des Wandels werden die Lernenden die Welt erben, während die Wissenden bestmöglich für eine Welt gerüstet sind, die nicht länger existiert.«

Möglicherweise kennen Sie bereits einzelne Aspekte und Methoden, die ich Ihnen hier vorstelle. Wie reagieren Sie darauf? Legen Sie das Buch weg und denken »Nichts Neues!«, oder setzen Sie sich mit dem Bekannten intensiver auseinander? Es gibt einen großen Unterschied zwischen Kennen und Können. Alleine die Lektüre eines Buchs mit Fitnessübungen reicht nicht aus, um einen sportlichen Körper zu bekommen – man muss das Wissen auch anwenden, um eine Veränderung zu erfahren oder zu neuen Erkenntnissen zu kommen. Genauso ist es mit diesem Buch. Sie haben die Wahl, es zu lesen und danach alles weiter so zu tun wie bisher, oder Sie können den Methoden eine Chance geben, indem Sie diese tatsächlich anwenden.

Das AUSGEJAMMERT!-Commitment

Commitment

Substantiv, n

dt. Einstandspflicht, Bekenntnis, Hingabe

Jetzt sind Sie dran: Möchten Sie tatsächlich etwas in Ihrem Leben ändern? Dann stehen Sie dazu. Studien zeigen, dass wir ein Ziel eher verfolgen, wenn wir uns dazu bekennen. In einer israelischen Wohnanlage machten Forscher dazu ein Experiment. Die Hälfte der Bewohner wurde gebeten, sich durch eine Unterschrift für die Einrichtung eines Erholungszentrums für Behinderte einzusetzen. Sie mussten nichts weiter tun, als durch ihre Signatur deutlich zu machen, dass sie die Idee dieses Zentrums gut fanden. Fast jede der angesprochenen Personen unterschrieb. Zwei Wochen später gingen Spendensammler durch dieselbe Wohnanlage und sammelten Geld für die Finanzierung der Erholungseinrichtung. Von denjenigen, die vorher nicht bei der Unterschriftenaktion angesprochen wurden, spendete etwas mehr als die Hälfte etwas. Diejenigen, die sich zuvor durch ihre Unterschrift für die Einrichtung committet hatten, gaben zu 95 Prozent etwas. Durch ihre Unterschrift hatten sie sich selbst davon überzeugt, dass es eine gute Sache ist, die da verfolgt wird.

Dieses Prinzip können auch Sie sich zunutze machen. Auf der nächsten Seite finden Sie einen Vertrag mit sich selbst, in dem Sie sich dazu bekennen können, etwas an Ihrem Leben ändern zu wollen und den Methoden aus diesem Buch eine ernsthafte Chance zu geben.

Sollten Sie zögern, direkt ins Buch zu schreiben, da sich das ja nicht gehört, dann können Sie das als Hinweis nehmen, dass Ihr kleiner Jammerlappen gerade wieder mal versucht, Sie von einer Veränderung abzuhalten. Und so könnte Ihre Unterschrift schon der erste Schritt sein, um sich selbst zu beweisen, wer hier eigentlich die Kontrolle über Ihr Leben hat: Ihr steinzeitliches Gehirn oder Sie selbst.

DAS
AUSGEJAMMERT!
COMMITMENT

Hiermit bekenne ich mich dazu, ab sofort die volle Verantwortung für mein Leben zu übernehmen. Ich möchte meine Möglichkeiten in Zukunft besser nutzen und bin deshalb bereit, meine Komfortzone zu verlassen, um meinen Horizont zu erweitern.

Als einen ersten Schritt werde ich der AUSGEJAMMERT!-Strategie eine ernsthafte Chance geben. Ich werde mindestens fünf der Tools aus diesem Buch gewissenhaft anwenden. Dabei werde ich meinen Fokus auf die nützlichen Aspekte richten und auch daraus lernen, wenn etwas nicht oder anders funktioniert, als ich es erwartet habe.

Mir ist bewusst, dass ich nur eine Änderung erzielen kann, wenn ich meinen Weg mit ganzem Herzen gehe. Daher werde ich mich zu 100 Prozent auf diesen Weg einlassen und werde alles dafür tun, um mich weiterzuentwickeln und zu wachsen.

Mein Leben ist das, was ich daraus mache. Die Chancen liegen bei mir!

_____   _____
Ort, Datum   Unterschrift

AUSGEJAMMERT!-STRATEGIE PHASE 1

AUTOMATIKMODUS ABSCHALTEN

> Warum wir den Großteil des Tages mit offenen Augen schlafen

> Wieso wir Chancen übersehen, die direkt vor uns liegen

> Weshalb unser Gehirn immer wieder in den »Steinzeitmodus« schaltet

> Wie Sie die Kontrolle über Ihr Gehirn übernehmen

> Wie Sie Sorgen auflösen

> Wie Sie schnell Ihre Stimmung verbessern

Kennen Sie eigentlich Ihre Möglichkeiten? Sind Sie sich ganz bewusst über den Spielraum, den Sie haben?

Darüber sind wir uns meistens gar nicht wirklich im Klaren. Wir leben vor uns hin, oft im selben Trott, wie im Autopilot. Gesteuert werden wir dann von unserem steinzeitlichen Gehirn, unserem kleinen Jammerlappen, der uns durch Gewohnheiten, Vorurteile und Verallgemeinerungen im Glauben lässt, dass wir keine große Wahl haben. Dabei hält unser Leben viel mehr bereit, als wir ahnen. In dieser ersten Phase der AUSGEJAMMERT!-Strategie sollen Sie deshalb erst mal eine Ahnung davon bekommen, welchen bislang ungenutzten Spielraum Sie haben. Ein Spielraum, der Ihnen schon jetzt Dinge ermöglicht, von denen Sie bisher nur geträumt haben.

Die Macht der Gewohnheit

»Unsere Fähigkeit, Gewohnheiten zu entwickeln, ist eine der erstaunlichsten und wichtigsten evolutionären Taktiken«, sagt der Wissenschaftsjournalist Charles Duhigg.

Gewohnheiten sparen zum einen Zeit. Stellen Sie sich vor, Sie müssten jeden Tag aufs Neue herausfinden, wie Sie Ihre Wohnung oder Ihr Haus verlassen können. Jeden Morgen würden Sie nur mit viel Suchen die Tür finden und dann rätseln, wie man diese denn nun aufbekommt und wofür dieses gebogene Metallteil gut ist. Irgendwann würden Sie dann durch Ausprobieren darauf kommen, dass sich durch das Herunterdrücken des Teils, das angeblich »Türklinke« heißt, die Tür öffnen lässt. Und am Abend ginge das gleiche Spiel von vorne los, wenn Sie wieder in Ihre Wohnung hinein möchten. Sofern Sie sich überhaupt daran erinnern, dass Sie ein Zuhause haben und wo sich dieses befindet.

Gewohnheiten sparen dabei nicht nur Zeit, sondern auch Hirnkapazitäten und somit gleichzeitig Hirnvolumen. Etwas »automatisch« zu tun verbraucht weniger Rechenleistung als analytisches, bewusstes Handeln. Durch diesen Trick leisten unsere grauen Zellen Beachtliches im Vergleich zu ihrer Größe.

Ein weiterer Vorteil, Dinge »automatisch« zu tun, ist, dass wir dadurch Hirnkapazitäten freischaufeln, die wir für andere, wichtigere Dinge nutzen können. Müssten wir bei jedem einzelnen Schritt darüber nachdenken, wie wir unser Gewicht verlagern, welche Muskeln wir anspannen und lösen und welchen Winkel unsere Gelenke einnehmen müssen, damit wir sicher vorwärtskommen, dann hätten wir nicht mehr viele Ressourcen, um gleichzeitig anderes wahrzunehmen, etwas zu durchdenken oder uns zu unterhalten. Ich wage zu behaupten, dass erst durch Gewohnheiten die rasche Entwicklung unserer Kultur möglich war, da somit viele Prozesse gleichzeitig ablaufen konnten und auch heute noch können.

Der Vorteil, dass wir über Gewohntes nicht nachdenken müssen, ist jedoch gleichzeitig ein Nachteil, denn so wird uns meist gar nicht bewusst, wenn unser gewohntes Verhalten negative Konsequenzen hat und ein anderes Verhalten möglicherweise besser wäre. Vielleicht ist es Ihnen auch schon mal passiert, dass Sie, nachdem Sie in eine neue Wohnung gezogen sind, ganz in Gedanken den Weg zur alten Adresse eingeschlagen haben. Kein weltbewegender Irrtum, aber die Gewohnheit hat zu einem überflüssigen Umweg geführt. Peinlich wird es, wenn uns aus Gewohnheit beim Kuscheln mit der oder dem Liebsten der Kosename der Vorgängerin oder des Vorgängers herausrutscht. Ein amerikanischer Vater hat aus Gedankenlosigkeit sogar einmal sein geliebtes Kind im Auto auf dem Parkplatz vergessen. Er sollte ausnahmsweise seinen kleinen Sohn auf dem Weg zur Arbeit beim Kindergarten absetzen, eine Aufgabe, die sonst seine Frau übernahm. Schon kurz nach Fahrtbeginn vergaß er, dass sein Sprössling auf dem Rücksitz saß, und fuhr in gewohnter Manier direkt zur Arbeit, stellte seinen Wagen wie immer ab und ging ins Büro. Für ihn war es ein ganz normaler Tag. Zum Glück entdeckten aufmerksame Kollegen nach einer Weile das weinende Kind auf dem Rücksitz, sodass der Vorfall keine schlimmeren Konsequenzen hatte – wobei nicht überliefert ist, zu welchen Sanktionen die geschockte Ehefrau gegriffen hat.

Wenn unser automatisches Verhalten unsere Ziele unterstützt, dann ist es uns nützlich. Tut es das nicht, sorgen die Gewohnheiten dafür, dass wir uns selbst im Weg stehen. Wir verschwenden mit ihnen Zeit und Energie. »Zwischen 30 und 50 Prozent unseres täglichen Handelns werden durch Gewohnheiten bestimmt, Informationen ändern daran so gut wie nichts«, hat Bas Verplanken herausgefunden. Der Professor für Sozialpsychologie an der University of Bath in England erforscht seit über 20 Jahren Gewohnheiten. Ein gutes Beispiel für seine gerade genannte These ist das Rauchen. Wir greifen automatisch nach dem Essen, beim Kaffee oder während des Telefonierens zur Zigarette, obwohl wir wissen, dass es uns schadet, und wir schon längst mit dem Rauchen aufhören wollten. Genauso futtern wir abends vor dem Fernseher Süßigkeiten, die uns nicht guttun, auch wenn uns die Waage und der Spiegel ständig vor Augen halten, wie ungesund diese Gewohnheit ist.

Dies liegt unter anderem daran, dass wir beim Ausführen von Gewohnheiten nicht die Teile unseres Gehirns nutzen, die uns zu einem intelligenten, hoch entwickelten Wesen machen, sondern vorrangig die steinzeitlichen Strukturen unseres Denkapparats. Diese Entdeckung machte unter anderem eine Forscherin am Brain and Cognitive Sciences Department des Massachusetts Institute of Technology. Die Neurowissenschaftlerin Professor Ann Graybiel versteckte in einem Labyrinth ein Stück Schokolade und ließ Ratten danach suchen. Die Tiere erkundeten den Irrgarten, bis sie die süße Belohnung entdeckten. Durch Messung stellte die Wissenschaftlerin fest, dass die Hirnaktivitäten bei den Ratten während des Experiments erhöht waren. Dies verwundert nicht, denn durch das Schnuppern, Umherlaufen, Ausschau halten und Analysieren der Sinneseindrücke wurden die grauen Zellen stark gefordert. Je häufiger das Experiment mit denselben Tieren durchgeführt wurde, desto schneller und sicherer fanden die Ratten die Schokolade. Überraschend waren die gleichzeitigen Veränderungen an den Hirnaktivitäten: Die höher entwickelten Areale, die für komplexe Denkvorgänge und Entscheidungen zuständig sind, hörten auf zu arbeiten. Die Steuerung übernahmen nur noch die Basalganglien, ein Zellhaufen, der tief in den älteren Hirnstrukturen liegt. Früher wurde diesem Zellhaufen zugeschrieben, dass er für Reflexe und Instinkthandlungen zuständig sei. Heute geht die Wissenschaft davon aus, dass es eine Art Handlungsgedächtnis ist, in dem die Verhaltensmuster abgelegt sind, die sich irgendwann einmal als erfolgreich erwiesen haben. Es ist sozusagen die Liste unseres Jammerlappens mit Dingen, die er als ungefährlich eingestuft hat. Sobald eine Aktion von dieser Liste ausgeführt wird, arbeiten nur noch die steinzeitlichen Basalganglien, während der moderne Teil unseres Gehirns reduziert aktiv ist oder ganz ruht.

Gewohnheiten steuern uns automatisiert durch unseren Alltag. Mit dem Alter steigt die Zahl der Gewohnheiten. Wir entwickeln einen Schlafrhythmus, haben unser Waschritual morgens im Badezimmer, unser Frühstück sieht immer ähnlich aus, wir haben einen bestimmten Kleidungsstil, nehmen denselben Weg zur Arbeit, bevorzugen Themen in unserer Kommunikation, haben eine gewisse Art, wie wir uns in Meetings verhalten, schätzen eine bestimmte Art von Menschen etc. Da wir uns viele Stunden pro Tag in diesem Autopilot-Modus befinden, ist es fast so, als würden wir den Großteil der Zeit mit offenen Augen schlafen. Das empfinden wir als angenehm, da es uns zum einen nicht besonders anstrengt und uns dieses vertraute Verhalten zum anderen ein Gefühl der Sicherheit gibt. Wenn Sie Kinder haben, dann wissen Sie, dass die Kleinen es lieben, immer wieder dieselben Geschichten vorgelesen zu bekommen, auch wenn sie diese schon Dutzende Male gehört haben. Und wehe, man überspringt einen Teil oder verdreht aus Versehen ein paar Wörter! Kindern geben diese immer gleichen Geschichten das Gefühl von Geborgenheit und Stabilität. In der großen Welt, die für sie voller Neuigkeiten und unbekannter Dinge und Situationen ist, bietet der immer gleiche, vorhersagbare Wortlaut eine willkommene Ruhepause. Und dieses unbewusste Verlangen nach Stabilität behalten wir auch als Erwachsene bei.

»Gewohnheiten garantieren, dass die Welt um uns herum und das Ich gleich bleiben«, sagt der Berliner Verhaltenstherapeut Nicolas Hoffmann. Das beschreibt genau das Wunschdenken des kleinen Jammerlappens in unserem Kopf. Er möchte, dass sich nichts verändert, denn im bekannten Bereich können wir uns mit schlafwandlerischer Sicherheit bewegen. Ein Traum! Es gibt nur einen Haken bei der Sache: Wenn wir unseren steinzeitlichen Jammerlappen schalten

und walten lassen, wie er will, dann schränken wir uns damit unbewusst ein. Wir schauen nicht mehr richtig hin und übersehen dadurch Chancen und Möglichkeiten, die sich außerhalb unserer gewohnten Komfortzone befinden.

Außerhalb der Kiste, in der uns unser Jammerlappen halten will, warten viele spannende Dinge auf uns. Lösungen und Wege, die unser Leben leichter und vielseitiger machen können. Möglichkeiten, unsere Träume zu realisieren. Doch all diese Möglichkeiten nehmen wir oft gar nicht wahr, da wir im Automatikmodus durch unser Leben »schlafwandeln«.

In meinen Coachings erlebe ich immer wieder, wie leicht wir aus Gewohnheit Lösungen und Alternativen übersehen, die direkt vor unserer Nase liegen. Besonders in Erinnerung geblieben ist mir in diesem Zusammenhang das folgende Erlebnis: Eines Tages kommt ein Klient zu mir ins Coaching, der vieles an seinem Leben ändern möchte. Er ist Mitte dreißig und arbeitet als Jurist in einer Kanzlei. Der junge Mann ist unzufrieden mit seinem Job, sein Privatleben kommt zu kurz und eine Freundin hat er auch seit Jahren nicht mehr. Während des Coachings kommt er zu der Erkenntnis, dass eine neue Freundin den größten Einfluss auf sein Wohlergehen hätte, da ein erfülltes Privatleben sich auch auf den Beruf auswirken würde und er wieder mehr Energie im Job hätte. Er malt sich aus, dass er mit dieser neuen Kraft zum einen seine aktuelle Tätigkeit besser ertragen könne und zum anderen genügend Elan hätte, um sich nach einer für ihn besseren Stelle umzuschauen. Doch wie kann er eine neue Freundin kennenlernen? Er hat keine Idee. Feiern geht er nicht und der Freundeskreis, mit dem er sich ab und zu trifft, hat sich über die letzten Jahre auch nicht verändert. Unter seinen aktuellen Bekannten findet sich keine Frau, die ihm gefällt. Mit dem Wissen, dass wir aus Gewohnheit den Großteil unseres Tages mit offenen Augen schlafen, bitte ich ihn, mir ein wenig zu erzählen, wie denn sein Tagesablauf in etwa aussieht. Der Jurist ist irritiert, worauf ich mit dieser Frage hinauswill. Ich möchte ihn damit einladen, seine Tage ganz bewusst im Detail durchzugehen und zu schauen, wo sich bisher ungenutzte Möglichkeiten verstecken, um eine neue Partnerin kennenzulernen. Und so erzählt er mir seinen typischen Tagesablauf, und ab und zu stelle ich Fragen, die ihm helfen, Dinge zu entdecken, die ihm bisher noch nicht bewusst waren. Eine Technik, die ich später noch genauer erläutere. Meinem Klienten fällt tatsächlich nach einiger Zeit auf, dass die Gassirunde mit seinem Hund eine ideale Gelegenheit ist, um ganz unverfänglich mit Frauen ins Gespräch zu kommen. Schließlich ist ein Gespräch mit einem anderen Hundebesitzer über die Vierbeiner eine Möglichkeit, sich unbefangen zu beschnuppern. Außerdem, so erkennt er, hätte er ja direkt ein gemeinsames Interesse mit der potenziellen Zukünftigen. Bisher war ihm das gar nicht bewusst, da er die Runden einfach hinter sich bringen wollte, wenn er geschafft von der Arbeit nach Hause kam. Jetzt, wo er so bewusst darüber nachdenkt, erinnert er sich, dass es bestimmte Wege gibt, auf denen ihm zu gewissen Zeiten besonders viele Hundebesitzer entgegenkommen. Der Jurist entwickelt den Plan, in den nächsten Tagen und Wochen ganz bewusst diese Strecken zu gehen, um die Chancen auf ein Treffen zu erhöhen. Und tatsächlich hat er einige Wochen später auf diese Art eine junge Dame mit Hund kennengelernt.

Jetzt werden Sie eventuell denken – gerade wenn Sie selber einen Hund haben –, dass es doch sonnenklar ist, dass man beim Gassigehen leicht ins Gespräch kommt. Ihnen ist dieser Aspekt vielleicht bewusst, aber wer sagt Ihnen, dass Sie aufgrund Ihrer Gewohnheiten nicht andere hilfreiche Dinge übersehen? Wenn wir uns unreflektiert dem Automatikmodus unseres Gehirns hingeben, dann sind wir nicht Opfer der Umstände, sondern Opfer der Gewohnheiten.

> *»Die Menschen machen immer die Umstände*
> *dafür verantwortlich, was sie sind.*
> *Ich glaube nicht an Umstände. Die Menschen,*
> *die vorangehen in dieser Welt, sind stets*
> *jene, die sich aufmachen und die Umstände*
> *suchen, die sie brauchen, und sie schaffen,*
> *wenn sie sie nicht finden können.«*
> George Bernard Shaw (1856–1950)

Präsent sein

Aus den Gewohnheitsstudien lässt sich also folgende Erkenntnis ziehen: Solange wir im Automatikmodus laufen, übersehen wir Möglichkeiten und beschränken uns selbst. Das bemerken wir noch nicht einmal, denn was wir nicht sehen, das können wir auch nicht vermissen. Wie schon erläutert, nutzen wir die meiste Zeit nicht unser gesamtes Gehirnpotenzial und stehen uns damit selbst im Weg.

Als kleine Aufwärmübung möchte Ihnen jetzt einige Methoden vorstellen, mit denen Sie auf einfache Weise ganz bewusst Ihr Gehirn aus dem Gewohnheitsschlaf »aufwecken« können. Dies ist hilfreich, wenn Sie vor herausfordernden Aufgaben stehen, wie zum Beispiel einer wichtigen Sitzung oder einem entscheidenden Gespräch. Gerade unter Anspannung neigen wir dazu, immer wieder in gewohnte Muster zu verfallen und damit nicht unser ganzes Potenzial zu nutzen. Dadurch beschneiden wir selbst den Einfluss, den wir auf die

Situation nehmen könnten. Die folgenden »Brain Gym«-Übungen helfen, dass Sie aufmerksamer und präsenter werden und Möglichkeiten wahrnehmen, die Ihnen ansonsten vielleicht entgangen wären. Die Übungen wirken alle nach demselben Prinzip: Durch Körper- und Augenbewegungen, die eine anspruchsvolle Koordination erfordern, schüttet Ihr Gehirn den Botenstoff Dopamin aus. Dieses »Glückshormon« steigert die Denkprozesse und so wecken Sie sich selbst aus dem steinzeitlichen »Automatikmodus«. Nebenbei fördern die folgenden Tools auch die Durchblutung Ihrer inneren Organe. Sie können damit also nicht nur Ihren Geist, sondern auch Ihren Körper aktivieren.

||||||||||||| Tool

»Der Papierball«

1. Knüllen Sie ein Blatt Papier zu einem Ball zusammen.
   Vielleicht handelt es sich bei dem Schriftstück sogar um etwas, das Sie geärgert hat. Dann können Sie so gleich auch Ihren Frust loswerden.

2. Werfen Sie den Ball nun mindestens zwei Minuten ohne Unterbrechung von Hand zu Hand.

3. Wenn Ihnen das mühelos gelingt, dann steigern Sie die Schwierigkeit wie folgt:
   > Vergrößern Sie den Abstand zwischen Ihren Händen.
   > Schließen Sie die Augen.
   > Benutzen Sie zwei Papierbälle, nehmen Sie einen in die linke, den anderen in die rechte Hand und werfen Sie die Bälle nun über Kreuz jeweils in die andere Hand.

‖‖Tool

»Der Elefant«

1. Stellen Sie sich aufrecht hin, mit entspannten Knien. Legen Sie Ihr linkes Ohr auf Ihre linke Schulter. Das Ohr sollte so auf der Schulter aufliegen, dass Sie ein Stück Papier damit festhalten könnten. Strecken Sie Ihren linken Arm nach vorne aus.

2. Malen Sie mit ausgestrecktem Zeigefinger eine große liegende Acht in die Luft. Erzeugen Sie die Bewegung mit dem gesamten Oberkörper, von der Taille aufwärts. Beginnen Sie die Bewegung der liegenden Acht mit dem Schwung nach oben links. Fixieren Sie die ganze Zeit mit den Augen die Bewegung Ihrer Fingerspitze.

3. Nach fünf kompletten Durchgängen wechseln Sie die Seite. Wiederholen Sie auch hier die liegende Acht fünfmal.

Diese Übung lockert zusätzlich mögliche Nackenverspannungen.

‖‖Tool

»Der Schwerkraftgleiter«

1. Setzen Sie sich bequem hin und strecken Sie Ihre Beine nach vorne aus, sodass Ihre Fußsohlen noch den Boden berühren. Überkreuzen Sie Ihre Beine so, dass das eine Fußgelenk auf dem anderen liegt. Die Knie sind dabei leicht gebeugt, die Fußspitzen zeigen nach vorne.

2. Strecken Sie Ihre Arme in Richtung der Füße aus. Atmen Sie langsam aus und beugen Sie sich dabei langsam vor. Ihre Arme lassen Sie dabei gestreckt und parallel zu den Beinen. Beugen Sie sich nur so weit vor, wie es angenehm für Sie ist. Beim Einatmen richten Sie sich wieder auf. Wiederholen Sie diese Übung mindestens dreimal.

3. Überkreuzen Sie die Füße andersherum. Führen Sie die Übung, wie zuvor beschrieben, wieder mindestens dreimal aus.

Mit dieser Übung steigern Sie neben Ihrer Auffassungsfähigkeit auch Ihre Körperkoordination und Ihr Gleichgewichtsgefühl und sorgen auch noch für Entspannung im Beckenbereich.

Schnell, aber ungenau

Eine weitere Art des steinzeitlichen Automatikmodus ist die Verallgemeinerung. Wenn wir verallgemeinern, dann treffen wir Entscheidungen aufgrund unserer Erfahrung. Unser Gehirn vergleicht eine aktuelle Wahrnehmung mit bereits Erlebtem. Sehen wir zum Beispiel ein Glas mit etwas zu trinken, dann erinnert sich unser Steinzeithirn daran, dass wir so etwas Ähnliches schon einmal benutzt haben. Ohne darüber nachzudenken, wie wir unsere Hand halten und den Arm zum Mund bewegen müssen oder wie das mit dem Schlucken geht, trinken wir daraus. Dabei spielt es für unser Gehirn keine entscheidende Rolle, ob das Gefäß aus Plastik oder Glas ist, ob es einen Stiel hat, groß oder klein ist oder welche Farbe die Flüssigkeit darin hat. Alles, was uns im Entferntesten an ein Trinkgefäß erinnert, behandeln wir gleich und haben damit Erfolg. Diese grobe Einschätzung reicht vollkommen und führt uns mit wenig Rechenleistung unseres Gehirns zum Erfolg.

Auch bei solchen Verallgemeinerungen aktiviert unser Gehirn nur die älteren Hirnteile. Diese können zwar sehr schnell reagieren, der Nachteil ist jedoch, dass die Einschätzungen meist sehr ungenau sind. In vielen Alltagssituationen reicht diese grobe, generalisierende Einschätzung vollkommen aus. Bei unseren steinzeitlichen Vorfahren war es sogar überlebenswichtig, Situationen schnell und verallgemeinernd zu beurteilen. Hörte mal damals zum Beispiel ein Knurren und Schnaufen, war es sicherer, zuerst Schutz zu suchen und dann mit genügend Abstand nachzuschauen, woher die Geräusche kamen. Ob sie von einem gefährlichen Raubtier stammten oder von der asthmatischen, aber harmlosen Großtante, die sich den Berg hinaufquälte. Damals galt: »Lieber einmal zu viel weggerannt, als einmal zu lange überlegt, ob man sich wirklich in Gefahr befindet.« Kein Wunder also, dass die Urmenschen überlebt haben, bei denen der Beurteilungsmechanismus »schnell, aber ungenau« funktioniert hat.

Und auch in der heutigen Welt ist es manchmal überlebenswichtig, dass unsere alten Hirnteile Situationen schnell, aber ungenau einschätzen und sich nicht unser modernes, genaues, aber langsames Gehirn einschaltet. Stellen Sie sich vor, Sie stehen an einem Bankautomaten und wollen gerade Geld abheben. In diesem Moment hält Ihnen jemand eine Pistole an die Schläfe. Dann ist es vollkommen gleichgültig, welches Modell diese Waffe hat, was für ein Parfüm der Täter trägt und wie er heißt. Hier ist die schnelle Reaktion gefragt: Fliehen oder Angreifen. Übrigens, woher wissen wir eigentlich, dass eine Pistole an der Schläfe gefährlich ist, auch wenn wir noch nie selber eine in der Hand hatten? Aus dem Fernsehen! Wie zu Beginn des Buches beschrieben, lernt unser Jammerlappen auch ab und zu etwas Sinnvolles aus der Flimmerkiste.

So lebenswichtig Verallgemeinerungen auch heute noch für uns sein können, so sehr stehen wir uns mit dieser Automatik oft selbst im Weg. In manchen Situationen übersehen wir dadurch leicht Besonderheiten und Unterschiede zu bereits Erlebtem, die uns zu einer Lösung führen könnten. Wenn wir etwas denken wie »Immer kommt mein Kollege zu spät!«; »Nie räumen meine Kinder das Zimmer auf!«; »Keiner hört mir zu!«; »Alles muss ich alleine machen!«, dann redet unser steinzeitlicher Jammerlappen uns ein, dass es keine Ausnahmen und damit keinen Ausweg gibt, wir also keine Chance haben, etwas zu ändern. Und gerade in solchen Situationen lohnt es sich, genauer hinzuschauen und nicht alles über einen Kamm zu scheren.

Zum Beispiel neulich: Eine Dame kommt zu mir in die Coaching-Praxis. Mitte dreißig, attraktiv. Nennen wir sie hier Frau Gracia. Sie nimmt in dem weichen Sessel mir gegenüber Platz und stellt sich vor. Frau Gracia ist eine erfolgreiche Businessfrau, die Geschäfte gehen gut, sie erreicht ihre Ziele und ist rundum zufrieden – im Beruf. Privat läuft es bei ihr gerade nicht so gut, da schafft sie nicht das, was sie möchte. Sie will sich von ihrem Freund trennen, doch es gelingt ihr nicht, sich bei ihm durchzusetzen. Frau Gracia berichtet, dass die bisherigen Trennungsversuche immer gleich abgelaufen seien. Sie bereitet sich auf das Gespräch vor, sammelt Argumente, warum sie nicht länger mit ihrem Partner zusammenleben will. Er kommt nach Hause und sie sagt ganz deutlich: »Ich werde mich von dir trennen!« Dann nennt sie die Argumente. Er gibt sich reumütig, gelobt Besserung, macht ihr Komplimente, sie küssen sich und landen im Bett. Am nächsten Morgen sind sie immer noch zusammen. Für ein paar Wochen, denn dann, so berichtet sie, startet sie einen erneuten Trennungsversuch. Der verläuft dann wie der vorherige: Trennungsgespräch, Besserungsbeteuerungen durch den Freund, Komplimente, Austausch von Zärtlichkeiten und sie sind immer noch ein Paar. Und so fängt es immer wieder von vorne an: »Ich trenne mich!« – »Ich liebe dich!« –

Sie lieben sich. Frau Gracia ist überzeugt, dass sie sich niemals von ihrem Freund wird trennen können, da er sie immer wieder um den Finger wickelt. Und da waren sie, zwei der Signalwörter, die auf Verallgemeinerungen hinweisen: »niemals« und »immer«. Ich frage meine Klientin, bei welchen Gelegenheiten es ihr denn bisher schon gelungen sei, sich bei ihrem Freund durchzusetzen. »Noch nie!«, kam wie aus der Pistole geschossen. Da ich die Reaktion »schnell, aber ungenau« unseres kleinen Jammerlappens gut kenne, frage ich noch einmal nach: »Wirklich noch nie?« Sie überlegt und nach einiger Zeit fallen ihr tatsächlich Situationen ein, in denen sie sich gegen ihren Partner behaupten konnte. Ich bitte sie, sich diese Erinnerungen ganz genau vor Augen zu führen und zu überprüfen, was in diesen Fällen, in denen sie sich durchsetzen konnte, anders war als in den misslungenen Trennungsgesprächen. Dazu lade ich sie ein in »Das Kino der Erkenntnis« (eine Methode, die ich auf den Seiten 68 bis 71 genauer beschreiben werde).

Frau Gracia sitzt mit geschlossenen Augen zurückgelehnt im Sessel. Dann hellt sich ihr Blick auf. »Ich hab's! In den Fällen, in denen ich mich durchsetzen konnte, hatte ich meine Businesskleidung an. Bei den Trennungsversuchen habe ich bisher immer Freizeitkleidung getragen!«

Vielleicht denken Sie jetzt: »Ist ja kein Wunder, dass die sich in Businesskleidung durchsetzen konnte. Sie ist bestimmt von Beruf Domina. Logisch, dass ihr Freund spurt, wenn sie in Lack und Leder vor ihm steht und die Peitsche schwingt!« Ich kann Sie beruhigen, Frau Gracia ist von Beruf Marketingfachfrau und trägt bei der Arbeit elegante Kostüme oder Kleider.

Sie entwickelt die Idee, beim nächsten Trennungsversuch ganz bewusst eines ihrer Businessoutfits zu tragen. Beim Abschied dreht sie sich noch einmal lächelnd in der Tür um, schaut mich an und sagt im Gehen: »Das wäre ja wirklich ein Wunder, wenn das so leicht ginge.«

Eine Woche später. Mein Mailpostfach verzeichnet den Eingang einer neuen Nachricht – von Frau Gracia. Ihre Mail besteht nur aus einem einzigen Satz. Keine Anrede. Kein Grußwort. Nur dieser eine Satz. Und der lautet: »Das Wunder ist geschehen!«

Sie sehen, es lohnt sich, ab und zu genauer hinzuschauen und sich nicht auf das automatische »Pi mal Daumen«-Urteil unseres steinzeitlichen Gehirns zu verlassen. Die Suche nach den Unterschieden, nach den Abweichungen ist eines der wichtigsten Instrumente in meiner Arbeit als Coach, das Sie auch nutzen können, ja sogar sollten. Denn hinter jeder Verallgemeinerung verstecken sich, wie wir gesehen haben, Chancen einer Lösung. Im Folgenden werde ich zeigen, wie Ihnen Ihre Sprache einen Hinweis auf übersehene Lösungsmöglichkeiten geben kann. Bitte lesen Sie die Beschreibung des Tools »Das Kino der Erkenntnis« zuerst einmal komplett durch, bevor Sie mit der Umsetzung beginnen.

|||||||||||| Tool

»Das Kino der Erkenntnis«

1. Wenn Sie sich hilflos fühlen, nicht mehr weiterwissen, dann achten Sie auf Ihre Sprache und Ihre Gedanken.

2. Hören Sie sich selbst eines oder mehrere der folgenden Wörter sagen oder denken?
immer
ständig
dauernd
nie

niemals

keiner

alle

jeder

Dann notieren Sie die Sätze, durch die Ihnen die kleine Stimme in Ihrem Kopf einreden will, dass es keinen Ausweg gibt.

3. Markieren Sie die verallgemeinernden Wörter in den notierten Sätzen. So machen Sie sich ganz bewusst, bei welchen Aspekten Sie nach Ausnahmen suchen sollten.

4. Lassen Sie sich Zeit – auch wenn Sie spontan denken, dass es keine Ausnahmen gibt. Folgende Fragen können Ihnen helfen:

   > Wann war die Situation etwas besser, vielleicht auch nur minimal? Ist dies eventuell schon längere Zeit her?

   > Wann war die Situation schlechter?

   > Wann war die Situation schon mal anders?

   > Wann hat die Situation sich anders angefühlt?

   > Wann waren die Umstände anders?

   Notieren Sie alle Ausnahmesituationen, die Ihnen in den Sinn kommen.

5. Machen Sie es sich bequem und schließen Sie die Augen. Stellen Sie sich vor, Sie sitzen in einem Kino. Vielleicht ist es ein Kino, in dem Sie tatsächlich schon einmal waren, oder Sie kennen es von einem Foto oder aus Film und Fernsehen. Möglicherweise existiert das Kino auch nur in Ihrer Phantasie. Wie groß ist der Saal? Gibt es einen Rang? Welche Farbe haben die Sitze? Gibt es einen Vorhang vor der Leinwand? Wie sieht der aus? Ist er geöffnet oder geschlossen? Was für Geräusche sind zu hören? Oder ist es dort vollkommen still? Gibt es einen Geruch, der zu Ihrem Kino passt? Nehmen Sie den Saal mit allen Ihren Sinnen wahr. Wenn nötig, verändern Sie den Kinosaal in Ihrer Phantasie so lange, bis er Ihnen wirklich gut gefällt und Sie sich darin wohlfühlen. Schließlich ist es Ihre exklusive Phantasie.

Suchen Sie sich in Ihrem Kino einen Platz, von dem aus Sie einen guten Blick auf die Leinwand haben.

Wenn der Vorhang vor der Leinwand geschlossen ist, dann lassen Sie diesen jetzt in Ihrer Phantasie aufgehen und auf der Projektionsfläche startet von ganz alleine ein Film, in dem Sie sich in einer oder mehreren Ausnahmesituationen sehen, die Sie unter Punkt vier gerade herausgefunden haben. Sie können sich auch ganz bewusst für eine Situation entscheiden, die Sie genauer unter die Lupe nehmen möchten.

Auf Ihrem bequemen Platz im Kinosaal haben Sie genug Abstand, um sich selbst auf der Leinwand zu beobachten. Ihr Ziel ist es herauszufinden, was genau die Ausnahmesituationen von jenen Situationen unterscheidet, in denen Sie sich beim selben Thema klein und hilflos gefühlt haben. Schauen Sie sich die Szenen immer wieder an, lassen Sie den Film vor- und zurücklaufen, halten Sie ihn an, vergrößern Sie Details oder ändern Sie die Kameraperspektive. Lassen Sie sich die nötige Zeit, um zu entdecken, was in den jeweiligen Ausnahmesituationen anders war. Manchmal sind es nur Kleinigkeiten, die den Unterschied ausmachen. Andere Worte, andere Gesten, ein anderer Ort, ein anderer Geruch, eine andere Zeit, andere Kleidung und vieles mehr kann einen entscheidenden Unterschied machen.

6. Wenn Sie ausreichend Erkenntnisse gesammelt haben, dann verlassen Sie den Kinosaal Ihrer Phantasie wieder und orientieren Sie sich zurück ins Hier und Jetzt. Nehmen Sie Ihren Körper wieder ganz bewusst wahr, atmen Sie ganz bewusst ein paarmal tief ein und aus, und öffnen Sie Ihre Augen.

7. Notieren Sie sich die Erkenntnisse, die Sie in Ihrem »Kino der Erkenntnis« gesammelt haben. Überlegen Sie nun, wie Sie die neuen Einsichten nutzen können, um Einfluss auf die Ihnen bisher ausweglos erscheinende Situation zu nehmen.

> Wie genau wirken sich die Unterschiede auf Sie selbst aus, auf Ihr Verhalten, auf Ihr Denken, auf Ihr Fühlen?

> Wie genau wirken sich die Unterschiede auf Ihre Umwelt aus?

> Welche der erkannten Unterschiede können Sie bewusst reproduzieren?

> Welche Varianten wären noch denkbar? Welchen Unterschied würden sie hervorrufen?

> Welche Unterschiede machen die Situation schlechter, welche besser?

> Was können Sie aus den Aspekten lernen, die die Situation schlechter machen?

 Den Besuch im »Kino der Erkenntnis« habe ich für Sie auch als kostenloses Audioprogramm online bereitgestellt. Laden Sie sich dieses einfach herunter unter www.Mathias-Fischedick.de/leichter.html, setzen Sie sich Kopfhörer auf, und ich führe Sie, begleitet von angenehmer Musik, an diesen besonderen Ort in Ihrer Phantasie.

Raus aus der Schublade

»Finanzbeamte sind Halsabschneider!«
»Ausländer sind kriminell!«
»Blondinen sind doof!«
»Männer können nicht zuhören!«

Schon als Kinder lernen wir, andere Menschen in Kategorien einzusortieren, in gut und böse, lustig und ernst, schlau und doof. »Vorurteile sind Übergeneralisierungen unseres Gehirns«, fasst der Hirnforscher Martin Korte von der TU Braunschweig dieses Phänomen zusammen. Sie helfen uns, schnell eine Entscheidung zu fällen. Ausschlaggebend für unsere Reaktion ist dann nicht der Mensch, der uns in all seinen Facetten gegenübersteht, sondern das, was wir mit ihm oder ihr assoziieren. So sind für viele von uns dunkelhaarige Frauen mit Kopftüchern automatisch Musliminnen, die nicht richtig Deutsch sprechen. Männer mit fettigen Haaren, die im Trenchcoat durch den Stadtpark laufen, sortieren wir sofort in die Gruppe »Triebtäter« ein. Auch hier steckt wieder unser steinzeitliches Gehirn dahinter. Andreas Zick, Professor für Sozialpsychologie an der Universität Bielefeld, erforscht seit Jahren Vorurteile. Seine Erkenntnis: »Der Mensch ist evolutionär noch nicht klug genug, die Umwelt so wahrzunehmen, wie sie ist. Er muss kategorisieren, um die Informationsflut zu reduzieren. Vor allem in der Not, wenn wir Angst haben oder gestresst sind, verfallen wir ihrer Klarheit und stabilisierenden Wirkung.«

Ich möchte Ihnen ein Beispiel aus meiner Schulzeit schildern: Einer meiner Mitschüler auf dem Gymnasium nahm mich einmal zur Seite und erzählte, dass er schon öfter gesehen habe, wie der Vater eines gemeinsamen Freundes schwankend in seinen Wagen stieg und wegfuhr. Für ihn war klar, dass dieser alkoholisiert gewesen sein musste. Er fand es unmöglich, dass der Mann betrunken Auto fährt und damit sich und andere gefährdet. Als Reaktion schnitt mein Klassenkamerad den Vater, wenn er dessen Sohn zu Hause besuchte. Er hatte sich nie die Mühe gemacht, das Thema anzusprechen und seine Rückschlüsse zu hinterfragen, so überzeugt war er von seiner Einschätzung. Was er so nicht erfuhr: Der Vater schwankte hin und wieder, da er eine Beinprothese trug – wobei man dazu sagen muss, dass Prothesen damals noch nicht so perfekt entwickelt waren wie heute.

Vorurteile haben einen großen Einfluss auf unsere beruflichen Chancen: Studien haben gezeigt, dass in Deutschland ein türkischer Name in einer Bewerbung die Chancen auf ein Vorstellungsgespräch um 24 Prozent reduziert, auch wenn die Qualifikation des Bewerbers mit seinen Mitbewerbern identisch ist. Diese Art von Diskriminierung ist der Einstieg in einen Teufelskreis, wie eine Studie der Universität Duisburg-Essen sehr deutlich zeigt. Menschen, die wir aufgrund ihrer Herkunft, ihres Geschlechts, ihres Aussehens oder ihrer Vergangenheit in eine Schublade stecken und dauerhaft benachteiligen, halten diesen psychischen Druck oft nicht aus. Die Folge sind häufigere Krankheit, geringere Leistungsfähigkeit und schwindendes Interesse, sich zu integrieren. Damit bestätigen die Betroffenen dann ungewollt wieder die Vorurteile. Und der Teufelskreis setzt sich fort.

Alleine der Vorname, die Kleidung oder die Frisur haben einen Einfluss darauf, wie und ob wir Karriere machen. Dünne Menschen haben bessere Chancen als dicke. Nichtbehinderte werden Behinderten vorgezogen, und das schon bei sehr leichten Einschränkungen. Statistisch gesehen findet diese Art der Diskriminierung vor allem in der ersten Phase von Bewerbungsprozessen statt, also schon vor der Einladung zum Vorstellungsgespräch, nur anhand der eingeschickten Unterlagen. Um sich nicht unbewusst durch solche Faktoren beeinflussen zu lassen, ist es in der Schweiz, Schweden, den Niederlanden, Großbritannien und den USA schon seit Jahren Standard, bei schriftlichen Bewerbungen nicht nach Geschlecht, Alter und Familienstand zu fragen und zudem darauf zu verzichten, dass ein Bild mitgeschickt wird. In Schweden haben sich durch dieses Verfahren die Einstellungschancen für Frauen und Einwanderer nachweislich deutlich erhöht. Die Antidiskriminierungsstelle des Bundes führte aus diesem Grund hierzulande ein Pilotprojekt mit dem Titel »Anonymisierte Bewerbungsverfahren« durch. Zwischen November 2010 und Dezember 2011 beteiligten sich fünf Unternehmen und drei öffentliche Arbeitgeber daran. Dazu zählten renommierte Konzerne wie die Deutsche Post, die Deutsche Telekom und L'Oréal. Die anonymisierten Bewerbungen sollten dafür sorgen, dass der Fokus wirklich nur auf der Qualifikation der Bewerber lag und es keine unbewusste Beeinflussung durch andere Faktoren oder durch Vorurteile gab. Im Rahmen des Pilotprojekts wurden über 8500 Bewerbungen anonymisiert beurteilt und daraus resultierend 246 Arbeits-, Ausbildungs- und Studienplätze erfolgreich besetzt.

Das Projekt hat gezeigt, dass durch anonymisierte Bewerbungen neue Bewerbergruppen erschlossen werden können und tatsächlich nur die qualifiziertesten Bewerber eingeladen werden, und zwar unabhängig von äußeren Merkmalen.

Welchen Unterschied solch eine Form von »Blindbewertung« macht, konnte man auch in der Gesangs-Castingshow »The Voice of Germany« mitverfolgen, die im November

2011 auf ProSieben und Sat.1 neu gestartet ist. Die Idee dahinter: Die Jury sieht die Sänger und Sängerinnen zu Beginn nicht, sondern hört diese nur. Dazu sind die drehbaren Jurorensessel zunächst mit dem Rücken zur Bühne ausgerichtet. Erst nach der Entscheidung für einen Sänger bekommt das jeweilige Jurymitglied die Person auf der Bühne zu sehen. Und so haben auch Teilnehmer eine Chance, die nicht dem optischen Klischee eines Popstars entsprechen. Genauso können sich keine schlechten Sänger mehr durchmogeln, die in anderen Castingformaten durch ihr Aussehen und ihr Styling ganz unbewusst Augen- oder besser Ohrenwischerei betrieben hätten.

Wie stark unser Verhalten von Vorurteilen geprägt ist, ist uns meist gar nicht bewusst. Welches Vorurteil haben Sie beispielsweise gegenüber alten Menschen? Meistens folgen auf diese Frage Aussagen wie »Alte sind weniger aktiv, vergesslich und altmodisch«. Und in der Tat entsprechen sehr viele alte Menschen bei uns auch diesem Klischee. In China dagegen wird das ältere Semester in die Schublade »aktiv, weise und wichtig« gesteckt. Und – oh Wunder – auch hier stimmen diese Vorurteile mit der Realität überein. Becca Levy, Professorin für Psychologie an der Universität Yale, hat nachgewiesen, dass sich in China die Gedächtnisleistungen junger und alter Menschen kaum unterscheiden. Der Grund dafür sind unter anderem die positiven Vorurteile. Die Jungen behandeln die Alten achtungsvoller und die Senioren denken dadurch auch anders über sich. Man spricht in diesem Zusammenhang auch vom »Rosenthal-Effekt«. Benannt wurde er nach dem amerikanischen Psychologen Robert Rosenthal, der in den 1960er-Jahren zusammen mit seiner Kollegin Leonore Jacobson untersuchte, wie unterschiedlich sich Schüler entwickeln, je nachdem, welche Vorurteile die Lehrer ihnen gegenüber haben. Dazu wurde den Lehrern an

Grundschulen vorgegaukelt, dass 20 Prozent der Schüler den Ergebnissen eines IQ-Tests zufolge vor einem intellektuellen Entwicklungsschub stünden. Den Lehrern wurden dazu die Namen der betreffenden Kinder genannt. In Wahrheit wurden die angeblich so begabten Schüler aber einfach willkürlich ausgewählt. Nach einem Jahr zeigte sich der Einfluss der falschen Vorurteile, die die Lehrer aufgrund der vorgetäuschten IQ-Studie entwickelt hatten: Die Kinder aus der Gruppe der angeblich Begabteren konnten ihren IQ wesentlich stärker steigern als die anderen. Außerdem stellte sich heraus, dass die Verbesserung bei den besonders attraktiven Kindern nochmals erhöht war.

Durch unsere Vorurteile steuern wir also unbewusst unsere Wahrnehmung und unser Verhalten, und damit beeinflussen wir wiederum unser Gegenüber, sowohl negativ als auch positiv. Wir sehen nur noch das, was wir erwarten. Sind wir auf einen Kollegen schlecht zu sprechen und halten ihn für link und faul, werden wir vorrangig die Dinge in seinem Verhalten wahrnehmen, die genau diese Vorurteile bestätigen. Er kann in einigen Bereichen fleißig und loyal sein, ohne viel Aufhebens Mehrarbeit leisten und sich für die Rechte der Kollegen einsetzen, trotzdem werden wir nur sehen, wenn er sich in unseren Augen schon wieder vor der Arbeit drückt oder andere übervorteilt. Entsprechend abweisend behandeln wir den Kollegen und er wird mit der Zeit dadurch ebenfalls auf Distanz gehen. Das sehen wir dann als Bestätigung unserer Vorurteile: Der Kollege ist eben hinterhältig und distanziert sich nun von uns, da wir ihm auf die Schliche gekommen sind. Wir lassen uns schließlich nicht von ihm um den Finger wickeln, wie er das vielleicht bei anderen schafft! Und schon haben wir wieder den kleinen Jammerlappen in unserem Ohr, der uns vor den Gefahren warnt, die angeblich von diesem Kollegen ausgehen.

Genauso geben wir durch positive Vorurteile anderer Menschen einen Vertrauensvorschuss, der nicht immer angebracht ist. Trägt jemand einen Doktortitel, hat eine Brille und drückt sich gewählt aus, so empfinden wir ihn glaubwürdiger als eine Person ohne Titel, die sich eher schlicht artikuliert. Und das, obwohl der Weißkittel in Wahrheit vielleicht weniger kompetent ist als der einfache Arbeiter im Blaumann. Wie falsch wir mit einem positiven Vorurteil gegenüber den Aussagen von Fachleuten liegen können, zeigt die Geschichte des britischen Mittelstreckenläufers Roger Bannister. Jahrzehntelang hatten Leichtathleten versucht, einen neuen Rekord über die Strecke von einer Meile aufzustellen. Doch die magische Marke von vier Minuten war einfach nicht zu knacken. Im Jahr 1945 kam der Schwede Gunder Hägg mit 4:01,3 Minuten am nächsten an diese Grenze. Die Wissenschaft war sich seit Jahren einig, dass der menschliche Körper einfach nicht gemacht sei, schneller zu laufen, und deshalb keine Steigerung möglich sei. Die angesehenen Experten verkündeten, dass das menschliche Lungenvolumen, die Beschaffenheit des Bewegungsapparates und andere Dinge die Gründe für diese Limitierung seien. Manche Fachleute gingen sogar so weit zu behaupten, Sportler, die versuchen würden, schneller zu rennen, riskierten ihre Gesundheit und spielten mit dem Risiko, an der Überbelastung zu sterben. Die Wissenschaftler wurden als sehr glaubwürdig eingeschätzt und die Realität schien ihnen recht zu geben. Lange Zeit erreichte kein Läufer eine neue Bestmarke, sosehr er sich auch bemühte. Bis zum 6. Mai 1954. Der damals 25-jährige Roger Bannister hatte sich für dieses Datum vorgenommen, einen neuen Rekordversuch über eine Meile zu starten. Ihm war es gleichgültig, dass die hoch dotierten Wissenschaftler eine neue Bestmarke über diese Strecke für unmöglich hielten. Das Ereignis wurde live von der BBC im Radio übertragen. Die Reporter und die Zuschauer vor Ort trauten ihren Augen nicht: Der junge Athlet lief schneller und schneller, er kämpfte, brachte sich an den Rand seiner Kräfte und überquerte nach legendären 3 : 59,4 Minuten die Ziellinie – neuer Weltrekord! Roger Bannister brach vollkommen erschöpft, aber überglücklich zusammen und überlebte den Rekord, ganz entgegen der Behauptungen der sogenannten Experten. Mit dieser Leistung strafte er die Wissenschaft nicht nur Lügen, sondern brach eine Art Bann. Nachdem es zuvor niemandem auf der ganzen Welt gelungen war, die vier Minuten zu unterbieten, gelang es nur sechs Wochen später dem Australier John Landy mit 3 : 57,9 Minuten einen neuen Weltrekord über eine Meile aufzustellen. Noch im selben Jahr schafften es weltweit 36 andere Athleten, schneller als vier Minuten zu laufen, und 1955 waren es schon über 200 Läufer, die die magische Marke durchbrochen hatten.

Sir Arthur C. Clarke, der Autor von »2001: Odyssee im Weltraum«, sagte dazu sehr treffend: »Wenn ein distinguierter, aber alternder Wissenschaftler sagt, dass etwas möglich ist, dann hat er fast immer recht. Wenn er sagt, dass etwas unmöglich ist, dann hat er sehr wahrscheinlich nicht recht.«

Lassen wir uns unreflektiert von Vorurteilen steuern, schenken wir auf der einen Seite Menschen Vertrauen, ohne ihre Verhaltensweisen oder Aussagen zu hinterfragen, auf der anderen Seite stecken wir andere Menschen zu Unrecht in eine negativ besetzte Schublade und nehmen uns damit selbst die Chance, interessante und vielleicht für uns wichtige Persönlichkeiten kennenzulernen. Ist der Obdachlose, der uns um Geld bittet, wirklich ein alkoholisierter Nichtsnutz wie »all die anderen«, oder trinkt er keinen Tropfen und hat ein anderes Schicksal, und wir könnten vielleicht sogar noch etwas von ihm lernen?

Ist der Arzt wirklich ein Experte seines Faches, da er zwei Doktortitel trägt, gut aussieht und mit sonorer Stimme spricht, oder kann er sich einfach nur gut verkaufen?

Ist die deutsche Mitarbeiterin des Callcenters besser als die Kollegin mit Migrationshintergrund, nur weil sie in unserem Land aufgewachsen ist und besser Deutsch spricht, oder engagiert sich die ausländische Kollegin mehr, da sie sich intensiver mit unserer Kultur und Gesellschaft auseinandersetzt, die sie nicht von Geburt an kennt?

Ist der Chef, der immer so laut lospoltert und nie richtig zuhört, überheblich, oder hört er vielleicht einfach schlecht?

Auch wenn wir es uns nicht gerne eingestehen, so haben wir doch alle ganz automatisch Vorurteile. Das ist menschlich. Die schlechte Nachricht dabei ist: Wir können nicht ganz verhindern, dass wir andere Menschen in Schubladen stecken. Die gute Nachricht lautet: Wir können uns dies immer wieder bewusst machen und wenigstens die Schublade ein Stückchen offen lassen. Das eröffnet uns die Möglichkeit, ab und zu nachzuschauen, ob wir unsere Mitmenschen wirklich unter der richtigen Kategorie »abgelegt« haben. Und so funktioniert es:

▌IIIII Tool

»Die offene Schublade«

Beobachten Sie sich in den nächsten Tagen ganz bewusst selbst: In welchen Situationen haben Sie das Gefühl, sehr schnell zu wissen, woran Sie bei Ihrem Gegenüber sind? In diesen Fällen haben wahrscheinlich Ihre steinzeitlichen Basalganglien die Einschätzung für Sie übernommen. Das betrifft unser Urteil über fremde Menschen genauso wie das über enge Freunde, langjährige Kollegen oder nahestehende Familienmitglieder.

1. Nutzen Sie die besondere Fähigkeit, die wir Menschen haben: das Selbstbewusstsein. Halten Sie dazu einen Moment inne und unterbrechen Sie durch diese bewusste Pause den automatischen Ablauf des steinzeitlichen Gehirns.

2. Machen Sie sich bewusst, in welche Schublade Sie Ihr Gegenüber gerade gesteckt haben. Es geht hier keineswegs darum, dass Sie sich schuldig fühlen. Sie sollen sich vielmehr der unbewussten, automatischen Abläufe in Ihrem Kopf bewusst werden. Stellen Sie sich dazu folgende Fragen:
   > Welche Schablonen, Muster oder Bilder hat mein Gehirn gerade benutzt, um andere zu analysieren und in eine bestimmte Schublade zu stecken?
   > Sind diese Kriterien wirklich die richtigen, um diesen Menschen in der aktuellen Situation zu beurteilen?
   > Was könnte ich bei der schnellen, aber ungenauen Einstufung übersehen haben?
   > Durch welche Fragen an diese Person könnte ich herausfinden, ob meine Hypothese über den anderen stimmt? Wen könnte ich noch zu dieser Person befragen, um ein realistischeres Bild zu bekommen?

3. Überprüfen Sie Ihr Vorurteil, indem Sie die Fragen stellen, die Sie unter Punkt zwei entwickelt haben. Können Sie das automatische Vorurteil Ihres steinzeitlichen Gehirns bestätigen oder haben Sie die andere Person zu Unrecht in eine bestimmte Schublade gesteckt?

Je öfter Sie sich Ihrer Vorurteile bewusst werden, umso leichter wird es für Sie, diese im Weiteren zu erkennen und in diesem Punkt den unbewussten Automatikmodus abzuschalten.

Wir glauben durch unsere Erfahrung und die sich daraus gebildeten Vorurteile, andere schnell und sicher einschätzen zu können. Damit wiegen wir uns aber in einer falschen Sicherheit. Eine realistische Einschätzung einer Person erreichen wir eher, wenn wir unsere Hypothesen hinterfragen, die wir über andere Menschen aufstellen. Der Psychologe Steve de Shazer, einer der Urväter der lösungsorientierten Kurzzeittherapie, sagte dazu: »Wenn du eine Hypothese hast, dann setz dich in eine Ecke und warte, bis der Anfall vorüber ist.«

Zurück in die Zukunft

Wie bereits zuvor beschrieben, besteht unser Gehirn aus evolutionär älteren und jüngeren Bereichen. Vereinfacht gesagt besitzen wir drei Gehirne: drei Schichten, die sich über Millionen von Jahren entwickelt haben. Dabei wurden die alten Teile nicht durch die neuen ersetzt, sondern vielmehr um diese ergänzt. Der älteste Teil ist der Hirnstamm, auch »Reptiliengehirn« genannt, darüber befindet sich das weiterentwickelte limbische System, das »Säugetiergehirn«, und den jüngsten Teil bildet das Primatengehirn zusammen mit der Großhirnrinde.

Jedes unserer »drei Gehirne« reagiert anders auf die Umwelt:

Das Reptiliengehirn, der unterste Teil unseres Gehirns, entscheidet sehr schnell, ob von einer Situation eine Gefahr ausgeht, ob wir angreifen oder weglaufen sollten. Wie im Kapitel »Schnell, aber ungenau« beschrieben, ist es sehr reaktiv. Wenn Sie zum Beispiel in einer Situation überfordert waren und in eine Art Schockstarre verfallen sind wie ein Reh, das nachts vor einem Auto über die Straße läuft und regungslos im Licht der Scheinwerfer stehen bleibt, dann war das eine Reaktion Ihres Reptiliengehirns.

Das Säugetiergehirn, die mittlere Ebene, ist der Sitz unserer Emotionen. Es ist sozusagen die dramatische Seite unseres Jammerlappens. Hier entstehen starke Gefühle wie Liebe, Freude, Trauer, Wut oder Eifersucht.

Das Primatengehirn mit der Großhirnrinde ist sinnbildlich der analytische Mr. Spock in unserem Kopf, den Sie vielleicht aus »Raumschiff Enterprise« kennen – jemand, der Situationen logisch und rational bewertet und eine bewusste Reaktion strategisch plant. Dieser Teil unseres Gehirns sammelt die Informationen des Reptilien- und Säugetiergehirns, sichtet sie, wertet sie aus und fällt dann »kluge« Entscheidungen.

Auch wenn die äußeren Hirnbereiche die am weitesten entwickelten sind, haben sie nicht alleine die Kontrolle über unser Denken, Fühlen und Handeln. Alle drei Gehirne beeinflussen zusammen, wie es uns jeden Tag geht und wie wir uns verhalten. Geraten wir in Stress – zum Beispiel, wenn wir uns von einer Situation überfordert fühlen –, dann übernehmen häufig automatisch das Reptilien- und das Säugetiergehirn die Kontrolle, manchmal sogar nur das Reptiliengehirn. Das logisch denkende Primatengehirn bleibt in solchen Fällen außen vor. Das sind die Momente, in denen unser steinzeitlicher Jammerlappen uns steuert und nicht der rationale Mr. Spock in unserem Kopf. Wir haben nicht mehr selbst die Kontrolle, beobachten uns nur noch dabei, wie wir im Automatikmodus Dinge sagen oder tun, die wir noch im selben Moment bereuen. Wir verhalten uns wie eine in die Enge getriebene Schlange oder ein hysterischer Hase, nicht wie ein intelligenter Mensch, der seinen Verstand benutzt. In Situationen, in denen wir uns ausgeliefert fühlen und uns das Leben schwer erscheint, ist es also fast so, als wären wir in unserem Kopf einige hunderttausend Jahre in die Vergangenheit gebeamt worden. Dadurch sind wir vollkommen von der modernen Welt um uns herum überfordert.

Mit der folgenden Methode können Sie den steinzeitlichen Automatikmodus selbst deaktivieren und sich aus der mentalen Steinzeit zurück in die Zukunft teleportieren. Nach und nach werden so auch die höher entwickelten Bereiche Ihres Gehirns wieder anspringen und Sie können die Situation, die Sie eben noch als bedrohlich und unlösbar empfunden haben, mit mehr Leichtigkeit betrachten.

IIIII Tool

»Die Blitz-Hirn-Evolution«

Um in einer scheinbar ausweglosen Situation die Kontrolle zurückzugewinnen, beantworten Sie die folgenden Fragen. Sprechen Sie die Fragen und Ihre Antworten am besten laut aus oder notieren Sie diese:

1. Was ist ganz genau passiert?

2. Wie fühle ich mich gerade?

3. Woran würde ich bemerken, dass die Situation besser geworden ist?

4. Was wäre noch ein Zeichen dafür, dass es aufwärtsgeht?

5. Was würde ich anderes fühlen, denken oder tun, wenn es besser oder sogar gut wäre?

6. Angenommen es gäbe eine erste Idee, was ich tun könnte, um die Situation ein wenig zu verbessern, was wäre das?

7. Was wären weitere kleine Dinge, die ich positiv beeinflussen könnte?

Lassen Sie sich Zeit bei der Beantwortung.

Im Anhang finden Sie diese Fragen in einer Version zum Ausschneiden, sodass Sie diese z. B. im Portemonnaie immer bei sich tragen können und für Notfälle gerüstet sind.

Diese Technik funktioniert auch, wenn Sie andere Menschen unterstützen möchten, die sich mit einer Situation überfordert fühlen. Stellen Sie einfach die in Du- oder Sie-Form angepassten Fragen in einem ruhigen Ton und wiederholen Sie die Antworten, die Ihnen Ihr Gegenüber gibt. Zum einen zeigen Sie dem anderen dadurch, dass Sie für ihn da sind und ihm Ihre volle Aufmerksamkeit schenken. Zum anderen bekommt der Betroffene durch Ihr verbales Feedback seiner ausgesprochenen Gedanken noch mehr hilfreiche Distanz zu der Situation.

Hier ein Blick hinter die Kulissen, der deutlich macht, welche Funktion die einzelnen Fragen der »Blitz-Hirn-Evolution« haben:

1. Was ist ganz genau passiert?

Die Beantwortung dieser Frage hilft, sich zu entladen. Anstelle hilflos zu erstarren oder blind verbal oder nonverbal um sich zu schlagen, beginnen Sie, Ihre Gedanken zu sortieren. Der erste Schritt vom Reptiliengehirn zum Säugetiergehirn.

2. Wie fühle ich mich gerade?

Hiermit aktivieren Sie Ihr Säugetiergehirn. Aus dem unbewussten Flucht- oder Verteidigungsverhalten wird so ein bewusstes Gefühl, die Situation wird für Sie klarer.

3. Woran würde ich bemerken, dass die Situation besser geworden ist?

4. Was wäre noch ein Zeichen dafür, dass es aufwärtsgeht?

5. Was würde ich anderes fühlen, denken oder tun, wenn es besser oder sogar gut wäre?

Die Fragen 3 bis 5 bringen Sie dazu, logisch zu denken und damit Ihre Großhirnrinde zu benutzen. Mr. Spock wacht langsam auf und aus der Problemfokussierung wird eine Lösungsfokussierung. Durch das Nachdenken darüber, wo es hingehen soll und was erste Vorboten für das Erreichen des Ziels sein könnten, geben Sie sich selbst eine neue Perspektive.

6. Angenommen es gäbe eine erste Idee, was ich tun könnte, um die Situation ein wenig zu verbessern, was wäre das?

7. Was wären weitere kleine Dinge, die ich positiv beeinflussen könnte?

Durch die Entwicklung von ersten Handlungsoptionen in Schritt 6 und 7 wandelt sich das Gefühl des Ausgeliefertseins in die Erkenntnis, dass Sie selber die Situation steuern und verbessern können. Ihr Weg aus der aktuellen Situation wird klar.

Wenn Sie möchten, dann können Sie die Fragetechnik direkt auf ihre Wirksamkeit testen, auch wenn es vielleicht keinen akuten Anlass dazu gibt. Gehen Sie dazu in Gedanken noch einmal in eine Situation, die Sie sehr gestresst hat und in der Sie das Gefühl hatten, hilflos zu sein, und Sie am liebsten weggerannt wären oder um sich geschlagen hätten.

Und jetzt stellen Sie sich selber die sieben Fragen. Sie werden feststellen, dass sich mit dieser Methode Ihr blockierendes Denken rasch auflöst und Sie dadurch wieder mehr Kontrolle erlangen.

Gute Frage

Am faszinierendsten bei meiner Arbeit als Coach ist für mich immer wieder die Macht der Fragen. Mein erstes Aha-Erlebnis in diesem Punkt hatte ich schon lange vor meinen Coachingausbildungen. Ich war Anfang zwanzig und arbeitete damals als Regisseur für eine Firma, die Disney-Kindersendungen herstellte. Mit einer Kollegin aus der Buchhaltung hatte sich eine Freundschaft entwickelt und so sahen wir uns öfter auch privat. Sie hatte zu dieser Zeit Sorgen, da sie sich sowohl privat als auch beruflich nicht entscheiden konnte, wie es weitergehen sollte. Sie war unter anderem nicht sicher, ob es für sie besser wäre, sich auf eine Stelle bei einem anderen Unternehmen zu bewerben, oder ob sie ihren aktuellen Job weitermachen sollte. Eines Abends saßen meine Kollegin und ich bei einer Tasse Tee zusammen und sie berichtete mir von ihren Entscheidungskonflikten. Sie war den Tränen nahe, da sie einfach nicht wusste, was in dieser Situation das Richtige für sie war. Sie zeigte mir die Bewerbung, die sie schon fertig geschrieben hatte, und wollte von mir wissen, ob sie diese abschicken sollte oder nicht. Spontan fragte ich sie: »Was ist das Schlimmste, was passieren könnte, wenn du sie abschickst? Und was ist das Schlimmste, was geschehen könnte, wenn du die Bewerbung nicht abschickst?« Sie schaute mich an und die Tränen, die sich in ihren Augen gesammelt hatten, versiegten genauso schnell, wie sie gekommen waren. Dann dachte sie laut darüber nach, was in beiden Fällen wirklich das Schlimmste wäre, was geschehen könnte. Sehr schnell kam sie zu der Erkenntnis, dass das Abschicken die bessere Variante wäre.

Durch das genaue »Hinschauen« wurde ihr bewusst, dass

gar nicht so viel auf dem Spiel stand, wie sie es zuvor rein vom Gefühl her befürchtet hatte. Am nächsten Tag im Büro nahm sie mich zur Seite und bedankte sich bei mir. Sie vertraute mir an, dass sie sich zurzeit in einer Psychotherapie befände und all die Sitzungen ihr nicht so viel gebracht hätten wie diese einzige Frage von mir. Damals war ich baff über die Wirkung meiner intuitiv gestellten Frage. Heute weiß ich, warum sie so viel bewegt hat. Denn die richtigen Fragen führen dazu, dass wir einen neuen Blick auf unsere Situation bekommen und dadurch selbst eine Lösung finden. Wir übernehmen wieder die Kontrolle, die uns der steinzeitliche Jammerlappen in unserem Kopf aus der Hand genommen hatte.

Ganz unbewusst beeinflussen wir uns auch im Alltag ständig durch Fragen. Wir sprechen diese nicht unbedingt laut aus, sondern denken sie meist nur. Dadurch bestimmen wir unseren Fokus und lenken selbst unsere Aufmerksamkeit auf gewisse Aspekte unseres Lebens. Manchmal arbeiten wir mit diesen Fragen ungewollt gegen uns selbst. Immer wieder kommen Klienten zu mir, die leiden, weil sie keinen Ausweg sehen. Oft liegt es daran, dass sie sich immer wieder dieselben Fragen stellen, die den Fokus auf negative, nicht hilfreiche Aspekte ihres Lebens richten. Eine typische Frage dieser Art ist: »Warum kriege ich mein Leben nicht in den Griff?« Wenn wir uns selbst solch eine Frage stellen, dann impliziert das zwei Dinge:

1. Wir haben unser Leben aktuell nicht im Griff.

2. Wir werden es auch nicht unter Kontrolle bekommen.

Damit geben wir unserem Gehirn unbewusst den Suchauftrag nach Beweisen dafür, dass wir unser Leben tatsächlich nicht im Griff haben, und für Gründe, warum wir aktuell nichts daran ändern können. Egal, welche Antworten wir uns auf diese Art von Fragen geben, wir werden nicht viel verändern, sondern vielmehr unseren Glauben festigen, dass wir in einer ausweglosen Situation sind. Wir fokussieren uns voll und ganz auf das Problem und werden so keine Lösung finden.

Was passiert nun, wenn Sie sich stattdessen folgende Frage stellen: »Wie kann ich mein Leben möglichst einfach in den Griff bekommen?« Das impliziert folgende Aspekte:

1. Wir können etwas an unserer Situation ändern.

2. Es gibt verschiedene Wege, um zu einer Lösung zu gelangen.

3. Es existiert mindestens ein einfacher Weg.

Durch diese andere Fragestellung geben wir uns wieder einen unbewussten Suchauftrag, diesmal aber einen konstruktiven, der uns zu einer Lösung führt.

Wenn Sie nicht die Lebensqualität erreichen, die Sie gerne hätten, dann könnte das daran liegen, dass Sie durch Ihre inneren Fragen Ihren Fokus in eine destruktive Richtung lenken. Hier einige Beispiele für typische, aber wenig hilfreiche Fragen:

> Wieso mache ich immer wieder denselben Fehler?

> Weshalb kann ich nicht glücklich werden?

> Warum muss das immer mir passieren?

Wie können Sie sich nun zu denselben Themen Fragen stellen, die eine positive Richtung vorgeben und zu einer Lösung führen? Hier meine Vorschläge:

> Welche anderen Wege könnte ich gehen?

> Welche unterschiedlichen Möglichkeiten habe ich, um glücklich zu werden?

> In welchen Bereichen kann ich beeinflussen, was mir geschieht? Wie kann ich es beeinflussen?

Diese Fragen sorgen dafür, dass Sie sich selbst in einen ressourcenvollen Zustand bringen. Wenn Sie sich darauf einlassen, werden Ihnen schon bald erste kleine Ideen, winzige Gedankensplitter kommen, welche Handlungen Sie in Richtung Lösung führen könnten. Durch diese Lichtblicke machen Sie sich bewusst, dass die Welt vielleicht doch nicht so schwarz ist, wie Sie sie gerade sehen. Die Folge ist eine Kettenreaktion von weiteren Ideen und Möglichkeiten, die sich nach und nach vor Ihnen auftun.

Das folgende Tool ist eine Sammlung von ressourcenorientierten Fragen, mit deren Hilfe Sie sich selbst sehr schnell aus einem Tief holen können. Sie nehmen so dem kleinen Jammerlappen das Ruder aus der Hand und richten Ihren Blick auf die Aspekte Ihres Lebens, die Ihnen neue Energie geben.

IIIII Tool

»Ressourcenorientierte Fragen«

Stellen Sie sich am besten laut einige oder alle der folgenden Fragen, und sprechen Sie auch Ihre Antworten aus, oder notieren Sie diese. Lassen Sie sich die nötige Zeit, um mindestens drei Antworten pro Frage zu finden.

Was soll in meinem Leben unbedingt so bleiben, wie es ist?

Was läuft gerade besonders gut in meinem Leben?

Welchen besonders schönen Moment aus meinem Leben würde ich am liebsten einrahmen?

Wofür schätzen andere mich?

Was sind meine Stärken?

Was begeistert mich?

Was genieße ich?

Wofür bin ich dankbar?

Was macht mich glücklich?

Worüber bin ich momentan glücklich?

Wenn Ihnen in Ihrer aktuellen Situation nichts einfällt: Worüber könnten Sie glücklich sein, wenn Sie sich um eine positive Sicht bemühen würden?

Worauf bin ich stolz?

Wen oder was liebe ich aus tiefstem Herzen?

Was für einen Rat würde ich einem anderen Menschen in derselben Situation geben?

Es gibt noch unzählige weitere Fragen, die Sie auf die positiven Aspekte Ihres Lebens aufmerksam machen können. Welche könnten das sein? Was für Fragen erinnern Sie an Ihre Fähigkeiten und Ressourcen? Welcher Blickwinkel auf Ihr Leben ist hilfreich für Sie?

Spontanes Glück

Wir Menschen haben eine Gabe, die fast wie Gedankenlesen wirkt: Wir können erkennen, wie es einem anderen Menschen geht, ohne dass er uns darüber Auskunft gibt. Dieses »Wunder« gelingt uns, indem wir unbewusst die Mimik und Gestik unseres Gegenübers interpretieren. Ein kurzer Blick genügt und unser Gehirn analysiert automatisch das Befinden des anderen. Der Psychologe Paul Ekman hat sich näher mit dieser menschlichen Fähigkeit beschäftigt. Seine Studien zur nonverbalen Kommunikation brachten unter anderem die Erkenntnis, dass die Art, wie wir grundlegende Gefühle ausdrücken, genetisch bedingt ist. Zu diesen Basisemotionen zählt der Psychologe Fröhlichkeit, Wut, Ekel, Furcht, Verachtung, Traurigkeit und Überraschung. Seine Forschungen führten ihn um die ganze Welt und gipfelten in einer weiteren, spannenden Einsicht: Die Basisemotionen werden kulturübergreifend von allen Menschen in gleicher Weise ausgedrückt und erkannt.

Mit diesen Erkenntnissen zum Zusammenspiel von Emotion und Mimik gab sich Ekman allerdings nicht zufrieden. Ihn interessierte die Frage, ob die Verbindung zwischen Gefühlen und Gesichtsausdruck auch in der anderen Richtung besteht, unsere Mimik also unsere Emotionen beeinflussen kann. Mit seinen Kollegen Friesen und Levenson führte der Wissenschaftler dazu in den 1980er-Jahren Experimente durch. Die Probanden wurden von den Wissenschaftlern angeleitet, wie sie bewusst mit ihrer Mimik den Ausdruck eines bestimmten Gefühls imitieren. Dabei wurde ihnen jedoch nicht mitgeteilt, um welches Gefühl es jeweils ging, damit sie möglichst neutral blieben. So wurde den Teilnehmern zum Beispiel gesagt, sie sollten ihre Stirn entspannen, die Wangen leicht anheben, die Mundwinkel nach oben richten und die Nasenflügel auseinanderziehen. In einer anderen Phase bekamen sie die Anweisung, ihre Augenbrauen herunterzuziehen, die Augen zusammenzukneifen, die Nasenflügel zu weiten und die Lippen aufeinanderzupressen. Was denken Sie, welche Gefühle wir so ausdrücken? Im ersten Fall ist es Freude, im zweiten Wut. Zu den Teilnehmern zählten Körpersprache-Experten und Schauspieler, die sich beruflich mit Mimik befassen, aber auch zufällig ausgewählte Probanden, die keinen speziellen Bezug zu diesem Thema hatten. In einigen Experimenten konnten die Probanden sich selbst dabei im Spiegel beobachten, wie sie ihre Mimik bewusst steuern, oder saßen den Testleitern direkt gegenüber. In anderen Fällen waren sie alleine in einem Raum ohne Spiegel und wurden per Kamera beobachtet. Die Probanden sollten die künstlich herbeigeführte Mimik einige Minuten halten und währenddessen darauf achten, wie sie sich dabei fühlen. Gleichzeitig wurden ihr Hautwiderstand, die Herzrate, die Fingertemperatur und die Anspannung des Bizeps gemessen. Dies diente der Kontrolle, ob sich ein subjektiv wahrgenommenes Gefühl der Teilnehmer auch entsprechend körperlich ausdrückt. Echte Wut bewirkt zum Beispiel eine größere Steigerung der Herzrate als Freude, genauso führt die Schweißproduktion, die mit dem Gefühl der Angst einhergeht, zu einer erhöhten Leitfähigkeit der Haut.

Die Ergebnisse waren eindeutig: Je realistischer die Teilnehmer die entsprechende Mimik imitierten, desto stärker nahmen sie das damit verbundene Gefühl wahr. Die subjektiven Empfindungen gingen mit den entsprechenden körperlichen Reaktionen einher, die durch die technischen Messungen erfasst werden konnten. Das Auslösen der Emotionen durch die künstlich herbeigeführte Mimik funktionierte bei Männern genauso wie bei Frauen, und es spielte auch keine Rolle, ob die Probanden »vom Fach« waren oder einen anderen Hintergrund hatten. Genauso wenig war es relevant, ob die Testpersonen sich bei den Gesichtsübungen selbst im Spiegel sehen konnten, ob sich ein Testleiter im selben Raum befand oder sie alleine waren. Diese Versuchsreihe zeigte also, dass es zwischen Mimik und Emotionen eine Verbindung in beide Richtungen gibt.

Es hat den Anschein, als würde unser Gehirn uns selbst beobachten und anhand unserer Mimik analysieren, wie es uns geht. In der Art folgender Gedanken: »Mein Besitzer hat eine entspannte Stirn und seine Mundwinkel sind hochgezogen. So sieht sein Gesicht aus, wenn er glücklich ist. Er ist also anscheinend gerade glücklich. Dann sollte ich wohl mal ein paar Glückshormone ausschütten!«

Ekman hat durch diese Studie mit modernen Methoden die Erkenntnisse bestätigt, die ein anderer Wissenschaftler schon hundert Jahre zuvor gewonnen hatte. Der Psychologe und Philosoph William James untersuchte Ende des 19. Jahrhunderts ebensolche Zusammenhänge von Emotionen und Verhalten. Er entwickelte damals die sogenannte »Act as if«-Methode und schrieb dazu: »Wenn Sie eine bestimmte Qualität haben möchten, dann verhalten Sie sich so, als hätten Sie diese bereits.« Das »So tun als ob«-Prinzip funktioniert nicht nur in Bezug auf die Mimik, sondern auch bei unserem sonstigen Verhalten. Der viktorianische Geisteswissenschaftler untersuchte unter anderem die Art, wie Menschen in unterschiedlichen Gemütslagen laufen. Glückliche Menschen gehen mit großen, federnden Schritten, haben den Kopf gehoben und lassen ihre Arme schwingen. Sind wir traurig, machen wir kleine Schritte, lassen die Schultern hängen und schauen auf unsere Füße. Alleine durch die Imitation der glücklichen Gangart fühlen wir uns schon nach kurzer Zeit besser.

Sogar die Art, wie wir einem anderen Menschen die Hand geben, beeinflusst, wie wir uns fühlen, und wirkt sich auch auf die Stimmung des anderen aus. Die Heidelberger Professorin für Tanz- und Bewegungstherapie Sabine Koch untersuchte dieses Phänomen und fand heraus, dass es einen Unterschied macht, ob ein Händeschütteln weich und fließend erfolgt oder in harten Auf-und-ab-Bewegungen. Die weiche

Bewegung führt zu einem stärkeren Gefühl der Verbundenheit und Sympathie bei beiden Beteiligten.

Zusätzlich zu den eben genannten Beispielen möchte ich Ihnen nun ein paar weitere Ideen geben, wie Sie das »So tun als ob«-Prinzip nutzen können, um aktiv dafür zu sorgen, dass es Ihnen gut geht.

◀ ||||||||||||| **Tool**

»Gute Laune stiften«

Sie benötigen hierfür einen Bleistift oder einen Kugelschreiber. Nehmen Sie den Stift quer in den Mund, sodass Sie diesen mit Ihren Backenzähnen halten. Dies führt automatisch dazu, dass Sie Ihre Mundwinkel leicht nach hinten ziehen und Ihre Zähne zu sehen sind, so wie Sie es beim Lachen tun. Nach einigen Minuten in dieser Haltung wird sich Ihre Laune automatisch bessern.

Wenn Sie von anderen Menschen bei der Übung beobachtet werden, sorgen Sie dafür, dass sich deren Laune ebenfalls verbessert … bei dem Anblick.

Mit demselben Stift können Sie übrigens auch Ihre Laune ganz schnell in den Keller bringen. Halten Sie ihn dazu diesmal nicht mit den Zähnen, sondern nur zwischen den Lippen. Das führt automatisch dazu, dass Sie Ihre Mundwinkel nach unten ziehen. Verharren Sie für kurze Zeit in dieser Stellung und schon haben Sie Ihr Gehirn überzeugt, dass Sie schlechte Laune haben.

Wenn in Amerika bei der Telefonseelsorge Anrufe von selbstmordgefährdeten Menschen eingehen, bekommen diese als Erstes die Anweisung: »Schauen Sie nach oben zur Decke!« Denn wenn wir niedergeschlagen sind, richten wir unseren Blick eher nach unten. Wenn es uns gut geht, schauen wir dagegen geradeaus oder nach oben. So können wir mit dem »So tun als ob«-Prinzip alleine durch unsere Blickrichtung Einfluss auf unsere Stimmung nehmen. Eine erweiterte Form dieses Ansatzes beschreibe ich Ihnen jetzt.

||||| Tool

»Glückliche Augenblicke«

Üben Sie diese Methode am besten direkt jetzt, auch wenn es Ihnen gerade gut geht, damit Sie diese für schlechtere Zeiten in petto haben. Lesen Sie bitte zuerst die gesamte Anleitung, bevor Sie die Technik anwenden, damit Sie nicht zwischendurch Ihren Blick senken, um in das Buch zu schauen.

1. Lassen Sie Ihren Blick vom Boden nach oben bis zur Decke gleiten.

2. Richten Sie Ihren Blick weiter nach oben, so als würden Sie versuchen, Ihre eigenen Augenbrauen zu sehen. Halten Sie diese Position für mindestens 30 Sekunden, auch wenn es Sie etwas anstrengt.

3. Lassen Sie Ihren Blick fünfmal gegen den Uhrzeigersinn kreisen. Achten Sie dabei darauf, dass Sie mit Ihren Augen gleichmäßige Kreise beschreiben, ohne dass Ihr Blick einen Bereich überspringt.

4. Wiederholen Sie Punkt 3, diesmal kreisen Sie im Uhrzeigersinn.

5. Ist die bisherige Wirkung noch nicht ausreichend, beginnen Sie noch einmal mit Punkt 1.

Gönnen Sie sich außerdem öfter am Tag einfach einen Blick nach oben. Neben dem positiven Einfluss auf Ihre Stimmung werden Sie auch interessante Dinge entdecken, wenn Sie

Ihren Blick aufwärts lenken. Welche Form haben die Wolken? Wie sehen die oberen Etagen der Häuser aus, an denen Sie gerade vorbeilaufen? Welche Lampen hängen in dem Restaurant an der Decke, in dem Sie gerade essen?

Wussten Sie, dass die Position Ihres Computermonitors einen Einfluss auf Ihre Produktivität hat? Vor Kurzem haben amerikanische Wissenschaftler genau das untersucht. Dazu ließen sie Probanden am Computer Aufgaben in verschiedenen Schwierigkeitsgraden lösen. Bei manchen Teilnehmern war die Mitte des Bildschirms so positioniert, dass sie sich auf Augenhöhe befand, bei anderen lag sie darunter. Diese Positionierung hatte Einfluss auf die Körperhaltung und damit auch auf die psychische Verfassung. War der Monitor nach unten ausgerichtet, saßen auch die User zusammengesunken da, mit geneigtem Kopf, krummem Rücken und nach vorne fallenden Schultern. Diese Haltung wirkte sich auf die Psyche aus und führte dazu, dass sie schnell frustriert waren und eher aufgaben. Bei der höheren Bildschirmposition richteten sich die Anwender automatisch auf, um gut sehen zu können. Sie saßen mit erhobenem Haupt und zurückgezogenen Schultern da, in der Körperhaltung, die wir einnehmen, wenn wir uns sicher und stark fühlen. Das wirkte sich auch auf die Leistungsfähigkeit aus und die Teilnehmer hielten selbst bei kniffeligen Tests länger durch. Wenn Sie mögen, dann überprüfen Sie möglichst bald die Position Ihres Computerbildschirms zu Hause und am Arbeitsplatz. Die Mitte des Monitors sollte im Idealfall leicht über Ihrer Augenhöhe liegen.

Die Sozialpsychologin Amy Cuddy hat nachgewiesen, dass unsere Körperhaltung einen Einfluss auf unsere Hormonausschüttung hat. Nehmen wir die Haltung eines Siegers ein, indem wir aufrecht stehen oder sitzen, mit erhobenem Kinn, zu den Seiten oder nach oben ausgestreckten Armen, den Blick auf die »Fans« gerichtet, dann schüttet unser Körper eine größere Menge des »Dominanzhormons« Testosteron aus und produziert weniger des Stresshormons Cortisol. Das ist der Hormonmix von Anführern. Sitzen wir dagegen da wie ein Häufchen Elend, nach vorne gebeugt, die Arme vor dem Körper gekreuzt mit gesenktem Blick, dann führt das zu einer höheren Konzentration des Cortisols in unserem Blut und zu einem Rückgang des Testosterons. Menschen mit einem höheren Testosteronspiegel, so Cuddy, sind risikofreudiger und können besser mit Stress umgehen.

Was machen wir, wenn wir irgendwo auf ein wichtiges privates oder berufliches Gespräch warten? Wir lenken uns damit ab, auf unserem Smartphone Nachrichten zu checken, zu chatten oder zu spielen. Und welche Körperhaltung nehmen wir dabei ein? Wir sitzen nach vorne gebeugt, die Arme halten wir vor dem Körper, da wir das Handy bedienen, und unser Blick ist nach unten auf das Display gerichtet. Innerhalb weniger Minuten sorgen wir damit ungewollt für einen Hormonspiegel, der es uns schwer macht, in dem anstehenden Gespräch unser Bestes zu geben. Zielführender ist es, wenn Sie ab jetzt vor wichtigen Ereignissen das Handy, die Zeitschrift oder was auch immer Sie dazu bringt, gekrümmt zu sitzen, zur Seite legen und sich bewusst aufrecht in Siegerpose hinstellen, um Ihre Testosteronproduktion anzukurbeln und das Cortisol zu reduzieren.

Die folgende Präsenzübung nutzt das gleiche Prinzip. Sie stammt von der Körpertherapeutin Gerda Alexander.

|||||||||||||Tool

»Engelsflügel«

Sie brauchen für diese Übung nichts weiter als Ihre Phantasie und etwas Neugier.

Stellen Sie sich bitte hin und tun Sie so, als hätten Sie am Rücken zwei Engelsflügel. Nicht so kleine Flatterdinger, sondern richtig große, schneeweiße Schwingen, die über Ihren Kopf hinausragen und bis zum Boden gehen. Wenn Sie ein Mann sind und Ihnen das zu uncool ist, dann stellen Sie sich vor, es wären die Flügel eines mächtigen Adlers. Ganz gleich, ob Engel oder Adler, die Schwingen sind so groß und stark, dass Sie Ihnen zum einen den Rücken stärken und Sicherheit geben, zum anderen sorgen sie durch das Gewicht dafür, dass Ihre Schultern leicht nach hinten gezogen werden. Stellen Sie es sich intensiv vor und Sie werden ganz automatisch eine kraftvolle, aufrechte Haltung einnehmen, denn Sie wissen ja, welche Kraft unser Vorstellungsvermögen hat. Laufen Sie mit Ihren fiktiven Engels- bzw. Adlerflügeln einfach mal durch die Stadt oder das Büro. Sie werden überrascht sein, als wie viel präsenter und selbstbewusster Sie von Ihrer Umwelt wahrgenommen und behandelt werden.

Wie weit man gehen kann, um das »So tun als ob«-Prinzip zu nutzen, zeigt eine Studie des Dermatologen Eric Finzi. Er stellte die Hypothese auf, dass depressive Menschen, die häufig vor Sorge die Stirn runzeln, weniger Depressionen hätten, wenn sie nicht mehr ihre Stirn in Falten legen würden. Um genau das zu erreichen, stellte er eine Gruppe aus 84 Männern und Frauen zusammen, die alle seit mindestens zwei Jahren unter schweren Depressionen litten und bei denen Antidepressiva keine ausreichende Wirkung zeigten. Er spritzte einem Teil der Patienten Botox in die entsprechende Gesichtsregion, um so die Nerven zu lähmen, die für das sorgenvolle Stirnrunzeln verantwortlich waren. Die Kontrollgruppe bekam Injektionen mit einer Placebosubstanz, die keinen Wirkstoff enthielt, um ausschließen zu können, dass psychische Komponenten einen Einfluss auf die Wirkung hatten. Nach wenigen Wochen berichteten 27 Prozent der Teilnehmer, die mit Botox behandelt worden waren, dass ihre Depressionen sich fast vollständig aufgelöst hätten.

Sollte sich dieses Ergebnis in weiteren Studien bestätigen, könnte es bei Depressionen also irgendwann Botox auf Krankenschein geben.

Hallo!

Ich muss mich jetzt doch noch mal einschalten. Sie
haben anscheinend meinen Warnhinweis zu Beginn
einfach ignoriert und jetzt sehen Sie, was Sie davon
haben. Was der Herr Fischedick Ihnen da bisher
erzählt hat, ist alles total unwichtiges Zeug. Damit
können Sie doch gar nichts anfangen! Überlassen
Sie einfach mir weiterhin die Kontrolle.

Es wird Zeit, dass ich Ihnen mal etwas wirklich
Nützliches beibringe, zum Beispiel, wie man sich richtig Sorgen macht! Ja, Sorgen machen sich schließlich
auch nicht von alleine, da muss man schon was für
tun. Aber keine Angst, ich bin da der beste Lehrer, den
Sie sich vorstellen können, und ich werde Ihnen eine
Technik verraten, mit der das ganz leicht geht.

»Richtig Sorgen machen in zwei Schritten«
Schritt 1:
Denken Sie an ein Ereignis in der Zukunft.
Dabei spielt es keine Rolle, ob es kurz bevorsteht oder
noch eine Weile hin ist, bis es stattfindet.

Schritt 2:

Überlegen Sie sich, was alles schiefgehen kann. GANZ WICHTIG!!! Denken Sie wirklich an ALLES, was schiefgehen könnte. Wenn man da nicht aufpasst, dann übersieht man noch eine mögliche Gefahr.

Und das war es schon. Richtig angewendet kann man sich mit dieser Methode im Handumdrehen Sorgen machen.

So, und jetzt können Sie das Buch zuklappen und weglegen. Das Wichtigste haben Sie auf den letzten beiden Seiten gelesen. Aber wahrscheinlich hören Sie ja eh wieder nicht auf mich. Keiner hört mir wirklich zu. Sie werden schon sehen, was Sie davon haben, wenn Sie jetzt weiterlesen, was der Fischedick geschrieben hat. Aber sagen Sie nachher nicht, ich hätte Sie nicht gewarnt!

Ihr hoffnungsloser

Jammerlappen

Sorgen auflösen

Sie merken schon, so ganz los werden wir unseren kleinen Jammerlappen nicht. Er kann es einfach nicht lassen, immer wieder dazwischenzufunken. Aber recht hat er mit seiner Anleitung, wie man sich richtig Sorgen macht. Ganz automatisch machen wir es genauso:

Schritt 1: Wir denken an ein Ereignis in der Zukunft.

Schritt 2: Wir überlegen, was alles schiefgehen kann.

Und schon bekommen wir Magengrummeln, werden nervös und liegen nachts wach. Dabei genügen nur zwei weitere Schritte, um die Sorgen aufzulösen oder zumindest extrem zu reduzieren.

Schritt 3: Bringen Sie sich in einen entspannten Zustand.
(Im weiteren Verlauf folgen Beispiele, wie es Ihnen ganz einfach gelingt zu entspannen.)

Schritt 4: Analysieren Sie, was wirklich schiefgehen könnte, und treffen Sie entsprechende Vorkehrungen.

Das Prinzip funktioniert ähnlich wie die spontane Frage »Was ist das Schlimmste, was geschehen kann?«, die ich meiner Kollegin gestellt hatte, als sie in Sorge war. Der genaue Blick auf mögliche Hindernisse und Gefahren ist so wirkungsvoll, da er uns oft zeigt, dass die Dinge gar nicht so schlimm sind, wie wir befürchten. Wie zu Beginn beschrieben, ist unser kleiner Jammerlappen recht kurzsichtig und sieht Dinge eher schemenhaft. Dadurch sind Sorgen oft ein diffuses Gefühl und wenig konkret. Doch gerade diese Ungewissheit belastet uns. Je genauer wir hinschauen, desto klarer sehen wir, womit wir es wirklich zu tun haben, und können entsprechende Strategien entwickeln, um damit umzugehen. Das gibt uns neues Selbstvertrauen, da wir die Situation wieder besser im Griff haben.

Entscheidend ist aus meiner Erfahrung, dass wir uns vor der Analyse der tatsächlichen Gefahren in einen entspannten Zustand bringen. Warum? Wenn wir gestresst sind – und Sorgen machen uns Stress –, dann entwickeln wir eine Art Tunnelblick. Auch das war in der Steinzeit eine unbewusste Überlebensstrategie. Standen unsere Vorfahren vor einem Angreifer, dann war es unwichtig, was um sie herum geschah. Entscheidend war, den Gegner im Blick zu behalten, um auf Angriffe schnell reagieren zu können oder ihm die Möglichkeit zur Flucht zu nehmen. Auch heute noch starren wir in Momenten einer diffusen Bedrohung wie das berühmte Kaninchen auf die Schlange und blenden aus, was rechts und links ist. Dadurch übersehen wir aber viele hilfreiche Dinge. Um beim Bild des Kaninchens und der Schlange zu bleiben: Vielleicht befindet sich die Schlange ja hinter einer schützenden Glasscheibe, das Kaninchen nimmt das aber nicht wahr, da es den Rahmen der Scheibe nicht sieht. Es macht sich also vollkommen unnötig Sorgen. Oder es gibt einen nahe gelegenen, sicheren Zufluchtsort, den das Kaninchen noch nicht entdeckt hat. Würde es dorthin hoppeln, könnte es selbst die Gefahr abwenden.

Entspannen wir uns, dann weitet sich unser Blick, wir bekommen mehr Abstand und nehmen plötzlich Aspekte und Möglichkeiten wahr, die uns helfen, unsere Sorgen zu verkleinern oder ganz aufzulösen. Vielleicht haben Sie dieses Phänomen schon am eigenen Leib erfahren, ohne dass es Ihnen bewusst war. Sie haben möglicherweise verkrampft nach der Lösung für ein Problem gesucht, sich das Hirn zermartert, sich schlaflos im Bett herumgewälzt – alles ohne Ergebnis. Und dann, am nächsten Morgen oder während des Joggens oder eines Spaziergangs hatten Sie den Geistesblitz, der die Lösung für das Problem bietet, dem Sie zuvor hilflos gegenüberstanden. Hier haben der nächtliche Schlaf oder die Bewegung für Entspannung gesorgt, es ist geistiger Raum für neue Ansätze entstanden.

Wie genau können Sie sich entspannen? Machen Sie sich bewusst, was bei Ihnen für innere Ruhe sorgt. Dann können Sie ab sofort Ihr persönliches Entspannungsprogramm in Zeiten voller Sorgen und Stress nutzen, um wieder freier zu denken und neue Lösungen zu finden. Hier finden Sie eine Liste mit Dingen, die häufig für Entspannung sorgen:

> Schlafen
> Musik
> Sport
> Yoga
> Spazieren gehen
> Massage
> Baden
> Reden
> Lesen

> Hobbys
> Dinge sortieren
> Tee trinken
> Essen
> Haustiere
> Spielen
> Kuscheln
> Sex
> etc.

Eine weitere Möglichkeit zur Entspannung ist die folgende Mentaltechnik.

IIIIII Tool

»Der Wohlfühlort«

Für unser Gehirn macht es keinen Unterschied, ob wir uns etwas nur vorstellen oder ob wir es tatsächlich erleben. Wenn Sie sich ganz intensiv vorstellen, in eine Zitrone zu beißen, sich den Geschmack in Erinnerung rufen, das Gefühl, wie Ihre Zähne sich in das Fruchtfleisch graben und wie sich der saure, etwas bittere Fruchtsaft in Ihrem Mund verteilt, dann werden Sie das Gefühl haben, wirklich in eine Zitrone gebissen zu haben. Die Schleimhäute in Ihrem Mund ziehen sich zusammen, der Mund wird trocken und Sie glauben tatsächlich, die Zitrusfrucht zu schmecken. Allein durch Ihre Gedanken erreichen Sie eine spürbare Reaktion bei sich selbst. Genauso können Erinnerungen an eine Situation, die Sie emotional berührt hat, wieder die gleiche, ganzkörperliche Empfindung von damals hervorrufen. Der Gedanke an den ersten Kuss zaubert die Schmetterlinge von damals in den Bauch. Die intensive Erinnerung an eine wichtige Prüfung oder einen Auftritt vor vielen Menschen führt dazu, dass Ihre Hände feucht werden und Ihr Puls sich beschleunigt.

Dieses Phänomen können Sie auch nutzen, indem Sie sich in Ihrer Phantasie einen »Wohlfühlort« erschaffen, den Sie immer dann besuchen, wenn Sie eine Auszeit brauchen, wenn Sie entspannen möchten, um Sorgen zu vergessen und einen klaren Kopf zu bekommen. Der Vorteil ist, dass Sie diesen Ort immer bei sich haben und so jederzeit in Gedanken dort hinreisen können.

Und so richten Sie Ihren Wohlfühlort ein:

Bitte prägen Sie sich zuerst den gesamten Ablauf ein, damit Sie diesen ganz entspannt durchführen können, ohne immer wieder zwischendurch nachlesen zu müssen. Oder laden Sie sich die Mentalreise als Audioprogramm von meiner Homepage herunter. Den Link finden Sie am Ende dieser Anleitung.

1. Ungestört sein

Suchen Sie sich einen ungestörten Ort, an dem Sie eine Weile Ihre Ruhe haben. Machen Sie es sich bequem. Es spielt keine Rolle, ob Sie sich dazu hinlegen oder gemütlich hinsetzen.

2. Zur Ruhe kommen

Schließen Sie Ihre Augen und geben Sie sich Zeit, etwas zur Ruhe zu kommen. Nehmen Sie Ihren Atem wahr. Atmen Sie ganz bewusst aus. Das Einatmen geschieht von ganz alleine, Sie brauchen sich nur auf das Ausatmen zu konzentrieren. Und mit jedem Ausatmen können Sie etwas mehr entspannen und zur Ruhe kommen. Immer etwas mehr. Wenn Sie das Gefühl haben, ganz bei sich zu sein, gehen Sie zum nächsten Schritt.

3. Projektionsfläche vorstellen

Stellen Sie sich eine weiße Fläche vor. Vielleicht ist es ein weißes Blatt Papier, eine leere Leinwand, wie Maler sie benutzen, eine weiß gestrichene Hauswand oder etwas ganz anderes, was Sie als geistige Projektionsfläche benutzen können.

4. Malutensilien vorstellen

Lassen Sie außerdem in Ihrer Phantasie Malutensilien erscheinen. Es ist gleichgültig, ob es Buntstifte sind, Wasserfarben, Ölkreide, Sprühfarbe oder etwas ganz anderes, das für Sie passend erscheint.

5. Tür entstehen lassen

Lassen Sie nun mithilfe der Farben oder von ganz alleine auf der weißen Fläche das Bild einer Tür entstehen. Vielleicht ist es eine Haustür oder eine Zimmertür. Vielleicht auch eine Tür zu einem Palast. Möglicherweise befindet sich in dem Türrahmen auch kein Türblatt, sondern ein Stoff- oder Perlenvorhang. Schauen Sie einfach zu, wie dieses Bild immer klarer und deutlicher wird. Wenn Sie mögen, können Sie aktiv Einfluss darauf nehmen, wie es aussieht, und noch Details ändern oder anpassen. Vielleicht wechselt das Bild der Tür auch ein paarmal, bis es Sie zufriedenstellt und Sie es als angenehm empfinden.

6. Teil des Bildes werden

Wenn alles so ist, dass das Bild der Tür für Sie wirklich einladend ist, dann schweben Sie in Ihrer Phantasie in dieses Bild. Vielleicht betreten Sie es auch, springen dort hinein, beamen sich herüber oder haben einen ganz anderen Weg, um Teil Ihres Bildes zu werden.

7. Wohlfühlort betreten

Wenn Sie gleich durch Ihre Tür gehen, werden Sie dahinter Ihren persönlichen Wohlfühlort finden. Seien Sie einfach neugierig, wie dieser aussieht. Bei einigen Menschen ist es ein Raum, bei anderen ist dieser besondere Ort so etwas wie ein Strand, eine Wiese oder ein anderer schöner Platz in der Natur. Öffnen Sie jetzt Ihre Tür, wenn sie sich nicht schon von alleine geöffnet hat, und betreten Sie Ihren Wohlfühlort. Lassen Sie sich Zeit, sich in Ruhe umzuschauen und nach und nach immer deutlicher, immer detailreicher diesen besonderen, entspannenden Ort wahrzunehmen. Was gibt es zu sehen, zu hören, zu riechen und vielleicht auch zu schmecken? Was macht diesen Ort zu Ihrem Wohlfühlort?

8. Wohlfühlort optimieren

Wenn Sie mögen, können Sie jetzt noch Dinge ergänzen oder verändern, sodass Sie sich hier wirklich rundum wohlfühlen. Vielleicht fehlt noch ein Bett, ein Sofa oder Ähnliches, wo Sie sich ausruhen können. Oder es tauchen Speisen und Getränke auf, die Ihnen besonders guttun. Manchmal ist auch eine Hintergrundmusik angenehm.

9. Entspannen

Lassen Sie sich ein paar Minuten Zeit, um an Ihrem persönlichen Wohlfühlort auf Ihre Art zu entspannen. Vielleicht indem Sie sich dort irgendwo hinlegen oder hinsetzen und zur Ruhe kommen.

10. Rückweg antreten

Wenn Sie das Gefühl haben, ausgeruht genug zu sein, dann schauen Sie sich noch einmal an Ihrem Wohlfühlort um. Vielleicht fallen Ihnen jetzt noch ein paar Details auf, die Sie vorher nicht wahrgenommen hatten. Oder es haben sich Dinge von ganz alleine verändert, sodass es nun noch stimmiger ist. Verlassen Sie diesen angenehmen Ort jetzt durch die Tür, durch die Sie hierhergekommen sind. Und genauso, wie Sie Teil des Bildes wurden, lösen Sie sich wieder von dem Bild, sodass Sie es wieder von außen betrachten können. Diesmal aber mit dem angenehmen Gefühl der absoluten Entspannung. Schauen Sie sich noch einmal ganz intensiv das Bild von der Tür an, die von nun an der Zugang zu Ihrem Wohlfühlort ist. Wann immer Sie möchten, können Sie durch diese Tür wieder dorthin zurückkehren. Mit dieser Gewissheit können Sie wieder ganz bewusst Ihre Atmung wahrnehmen. Ganz bewusst einatmen und so immer mehr in die Gegenwart zurückkehren. Und spätestens wenn Sie die Augen öffnen, sind Sie wieder ganz da und hellwach.

Sie werden angenehm überrascht sein, wie ausgeruht und entspannt Sie sich nach dieser Phantasiereise fühlen. Diesen ausführlichen Weg brauchen Sie nur beim ersten Mal zu gehen, um Ihren Wohlfühlort einzurichten. In Zukunft reicht es, wenn Sie sich an einem ruhigen Ort hinlegen oder -setzen, die Augen schließen, etwas zur Ruhe kommen und sich das Bild Ihrer Tür vorstellen. Durch diese Tür gelangen Sie dann in Ihrer Phantasie ganz leicht wieder an Ihren Wohlfühlort, den Sie immer an Ihre aktuellen Bedürfnisse anpassen können, wenn es nötig ist.

Diese Mentalreise habe ich für Sie als Audioprogramm auf meiner Homepage www.Mathias-Fischedick.de/leichter.html zum kostenlosen Download bereitgestellt. Sie brauchen sich das Programm nur herunterzuladen und meiner Stimme zu folgen, um Ihren Wohlfühlort zu entdecken.

Besonders spannend ist, wie ich finde, dass sich dieser Ort manchmal von ganz allein verändert. Das heißt, es kann sein, dass die Dinge bei einem späteren Besuch anders angeordnet sind, als Sie diese beim letzten Mal zurückgelassen haben, oder dass sich Details verändert haben. Ab und zu hat sich auch der gesamte Ort verwandelt. All das ist ein Zeichen, dass Sie in diesem Moment andere Dinge als vorher brauchen, um zur Ruhe zu kommen, auch wenn Ihnen das vielleicht gar nicht bewusst ist.

Eine Variante dieser Technik verwende ich auch mit meinen Klienten. Bei einem Klienten rief es dabei großes Erstaunen hervor, als er das erste Mal seinen Wohlfühlort betrat. Er hatte sich vorher schon Gedanken gemacht, was er hinter der Tür wohl vorfinden würde, und war davon ausgegangen, dort einen Strand oder ein schön eingerichtetes Zimmer zu sehen. Sein Unterbewusstes hielt aber anscheinend etwas anderes für wirkungsvoller und so fand mein Klient sich in einem Dampfbad wieder. Das Besondere war, dass das Bad eine gläserne Decke hatte, durch die er den Himmel sehen konnte. Das anfängliche Erstaunen legte sich aber sehr schnell. Denn auf meine Frage, ob er etwas an diesem Ort ändern möchte, um ihn passender zu gestalten, erwiderte er: »Auch wenn ich etwas anderes erwartet hatte, merke ich jetzt, dass es genau das ist, was mir gerade guttut. Ein schlichter Raum, ohne Ablenkung, mit angenehmer Temperatur und der gläsernen Decke, die mir das Gefühl der Freiheit gibt.«

Zwei Wochen später trafen wir uns zur nächsten Sitzung und da er sehr gestresst war, wählte ich einen Besuch in seinem Wohlfühlraum als Einstieg. Anscheinend hatte er diesmal andere unbewusste Bedürfnisse als in der ersten Sitzung, denn hinter der Tür wartete kein Dampfbad mit Glasdecke mehr auf ihn, sondern eine riesige Speisekammer. Er war wieder verblüfft. Ich fragte ihn, wie er sich in diesem Raum fühle, und er empfand ihn als sehr angenehm. Beim näheren Umschauen entdeckte er unter anderem einen köstlichen Parmesankäse und schmackhafte Salami. Im Verlauf der Sitzung widmeten wir uns dann dem eigentlichen Grund, aus dem er mich aufgesucht hatte. Bevor mein Klient ging, sagte er noch zu mir: »Wissen Sie was, bei dem Besuch in meinem Wohlfühlraum zu Beginn der Sitzung ist mir klar geworden, was ich gleich auf dem Heimweg tue. Ich fahre zu dem italienischen Feinkostladen am anderen Ende der Stadt und besorge Parmesankäse, Salami und ein paar andere Dinge, die ich in der Speisekammer gesehen habe. Das ist zwar ein großer Umweg, aber genau das brauche ich jetzt: einen genussvollen Abend mit meiner Frau und italienischen Spezialitäten.« In der nächsten Sitzung berichtete er mir, dass seine Frau zwar etwas erstaunt gewesen sei, als er mit den Delikatessen hereinspazierte, beide aber einen herrlich entspannten und schönen Abend gehabt hätten.

Sie sehen, ein Besuch an Ihrem Wohlfühlort kann Ihnen sogar Hinweise darauf geben, was Sie gerade im »echten Leben« brauchen, um sich wohlzufühlen.

Je öfter Sie Ihren Wohlfühlort besuchen, umso leichter wird es Ihnen fallen. Nach einigen Besuchen kann es reichen, dass Sie, ohne erst zur Ruhe zu kommen, die Augen schließen, sich die Tür vorstellen und durch diese an den Ort gelangen. Und mit der Zeit wird Ihnen das auch in unruhiger Umgebung gelingen, z. B. im vollen Zug oder Bus oder während nebenan der Fernseher läuft. Wenige Minuten an Ihrem Wohlfühlort reichen dann oft schon aus, damit Sie Herausforderungen mit neuer Energie begegnen können.

Wenn Sie der Chef anschnauzt, ein Kunde Ihnen bildlich gesprochen die Pistole auf die Brust setzt oder Ihre Familie Ihre Unterstützung braucht, obwohl Sie schon am Ende Ihrer Kräfte sind, werden Sie nicht immer die Zeit haben, erst mal an Ihren Wohlfühlort zu gehen, zu joggen oder ein Bad zu nehmen, um sich zu entspannen. Und auch der stressabbau-ende Sex ist dann nicht unbedingt eine adäquate Lösung. Damit es Ihnen in solchen herausfordernden Situationen trotzdem gelingt, das blockierende Sorgenmuster des stein-zeitlichen Jammerlappens in Ihrem Kopf zu durchbrechen und wieder die volle Kontrolle über Ihre Reaktionen und Aktionen zu übernehmen, möchte ich Ihnen jetzt zwei Tech-niken vorstellen, mit denen Sie schnell den Tunnelblick auf-lösen und selbstbewusst reagieren können.

IIIIII Tool

»Frischer Wind«

Wahrscheinlich kennen Sie die Redensart »Jetzt hol doch erst mal tief Luft!«. Das ist ein gut gemeinter Rat, wenn wir gestresst sind. Leider bewirkt er genau das Gegenteil von dem, was wir eigentlich wollen. Wenn wir immer schön tief Luft holen, wird

die Lunge voller und voller, und wir verkrampfen noch mehr.
In der Tat ist aber die Atmung ein wirkungsvoller Schlüssel zur Entspannung. Allerdings nur dann, wenn Sie den Schwerpunkt nicht auf die Ein-, sondern auf die Ausatmung setzen. Wenn Sie mögen, probieren Sie es gleich aus: Atmen Sie so langsam wie möglich aus, bis Ihre Lunge gefühlt komplett leer ist. Atmen Sie dann erst wieder normal ein. Der Einatemreflex kommt ganz von selbst.

Die Faustregel: Doppelt so lange aus- wie einatmen.
Wenn Sie also fünf Sekunden einatmen, dann lassen Sie sich beim Ausatmen zehn Sekunden Zeit. Langes Ausatmen entspannt sehr schnell und wirkungsvoll. Das ist übrigens auch einer der Gründe, warum Rauchen so locker macht. Durch das Auspusten des Qualms atmet man länger aus als gewöhnlich.

Der zweite Aspekt einer entspannten Atmung ist die Art, wie wir Luft holen. Die entscheidende Rolle spielt dabei die Spannung unserer Bauchmuskeln. Unter Stress sind die Bauchmuskeln nämlich eher angespannt. Auch dies ist ein Erbe aus der Steinzeit. Damals hatten die festen Bauchmuskeln den Sinn, bei Angriffen unsere Eingeweide vor Verletzungen zu schützen. Heute ist dieses Verhalten meist überflüssig, da uns zum Glück nur noch sehr selten jemand körperlich angreift. Es sind eher die psychischen Tritte in die Magengrube, vor denen wir uns ganz unbewusst durch diese körperliche Reaktion zu schützen versuchen. Durch die angespannten Bauchmuskeln schränken wir allerdings auch den Raum ein, den unsere Lunge hat, um sich zu entfalten. Unter Stress verfallen wir deshalb in eine flachere Atmung, bei der unser Bauch statisch bleibt und sich nur der Brustkorb hebt und senkt. Man spricht deshalb auch von der Brustatmung. Sind wir dagegen entspannt, weitet sich unser Bauch beim Einatmen nach vorne, um der Lunge Platz zu machen, und zieht sich beim Ausatmen wieder zusammen. Man spricht deshalb auch von der »Bauchatmung« oder ganz korrekt von der »Zwerchfellatmung«, da dieses »Muskelsegel«, das Brust- und Bauchhöhle voneinander trennt, durch Senken und Heben das tiefe Ein- und Ausatmen steuert.

Da wir Menschen – im Vergleich zu den meisten Tieren – über ein Selbstbewusstsein verfügen und uns selbst beobachten können, haben wir die Möglichkeit, ganz bewusst Einfluss darauf zu nehmen, wie wir atmen, und damit auch auf unseren Stresslevel. Sollten Sie also bei sich aufgrund von Anspannung eine sehr flache Atmung wahrnehmen, dann schalten Sie willentlich für ein paar Minuten auf die Bauchatmung um:

> Strecken Sie ganz bewusst beim Einatmen den Bauch nach vorne heraus.

> Beim Ausatmen lassen Sie den Bauch locker und er wird sich von ganz alleine wieder einziehen.

> Damit Ihnen das von Anfang an leicht fällt, hilft folgender Trick: Legen Sie eine Hand auf Ihren Bauch und stellen Sie sich vor, Sie atmen »zur Hand hin« ein, und auch beim Ausatmen behält Ihre Hand den Kontakt zum Bauch, wenn dieser sich wieder senkt.

Nach kurzer Zeit werden Sie eine deutliche Entspannung spüren.

Wenn Sie die bewusste Bauchatmung mit dem langen Ausatmen kombinieren, bekommen Sie besonders schnell »Frischen Wind«. Sie können wieder klarer denken und mit Abstand analysieren, ob die aktuelle Situation wirklich so bedrohlich ist, wie sie vielleicht zunächst wirkte, und entsprechend Lösungen entwickeln.

Der unschlagbare Vorteil der eben beschriebenen Methode ist, dass Sie diese ganz unauffällig einsetzen können. Stellen Sie sich vor, Sie sitzen in einer wichtigen Sitzung, gleich sind

Sie mit einer Präsentation an der Reihe oder Sie haben diese bereits hinter sich und Ihnen werden unangenehme Fragen gestellt. Die steinzeitlichen Teile Ihres Gehirns haben Alarmstufe Rot ausgerufen und alle Signale stehen auf Stress, da Ihr Leben in Gefahr ist – zumindest aus Sicht des kleinen Jammerlappens. Dann legen Sie einfach ganz dezent Ihre Hand auf den Bauch, atmen dort hin und konzentrieren sich auf die lange Ausatmung. Solange Sie dabei nicht schnaufen wie eine Lokomotive, wird das niemand bemerken. Und Sie können durch die neu gewonnene Selbstsicherheit ganz souverän auf die Herausforderung reagieren.

Die zweite Technik, mit der sich die lähmende »Sorgenautomatik« deaktivieren und in einen lösungsorientierten Zustand umschalten lässt, wirkt genauso schnell.

IIIIIIIIIII Tool

»Sicherer Boden«

Wenn wir uns Sorgen machen, kreisen unsere Gedanken, ohne dass wir zu Ergebnissen kommen. In einer endlos erscheinenden Schleife flüstert uns unser kleiner Jammerlappen ein, wie ausweglos alles ist, was alles noch schiefgehen könnte und in welcher Gefahr wir uns gerade befinden. Je mehr wir ihm »zuhören«, umso stärker haben wir das Gefühl, dass uns der Boden unter den Füßen weggezogen wird.

Sobald Sie sich aber bewusst entscheiden, Ihren Fokus nicht mehr auf Ihr Gedankenkarussell zu richten, werden Sie einen gesunden Abstand bekommen, der es Ihnen leichter macht, mit den aktuellen Umständen, die Ihnen Sorgen machen, umzugehen.

Die Kunst dabei ist, dass Sie nicht zu viel Abstand nehmen,

denn dann würden Sie die Situation nur verdrängen, aber nicht lösen. Aus meiner Erfahrung hat sich folgende Methode bewährt:

1. Stellen Sie sich hin.

2. Konzentrieren Sie sich auf Ihre Füße und nehmen Sie diese ganz bewusst wahr. Schließen Sie am besten dabei Ihre Augen:

> An welchen Stellen berühren Ihre Füße den Boden?

> Fühlt sich der eine Fuß anders an als der andere?

> Wo liegen die Unterschiede genau?
> Fühlt sich der eine Fuß größer oder kleiner an als der andere? Wärmer oder kälter? Schwerer oder leichter? Fester oder weicher? Oder sind es ganz andere Unterschiede?

> Haben Sie mehr das Gefühl, dass Ihre Füße den Boden berühren, oder ist es der Boden, der die Füße berührt?

3. Nehmen Sie wahr, wie stabil Sie auf dem Boden stehen.
Falls Sie Ihren Stand noch nicht als wirklich sicher empfinden, variieren Sie die Position Ihrer Füße, verlagern Sie Ihr Gewicht oder ändern Sie die Haltung Ihres gesamten Körpers, bis Sie einen festen, sicheren Stand haben.

4. Lassen Sie dieses Gefühl der Sicherheit mit jedem Ausatmen immer etwas mehr in sich aufsteigen.
Nehmen Sie die Stabilität in Ihren Beinen wahr, in der Hüfte, dem Bauch, dem Rücken, den Schultern, dem Nacken. Nach einigen Atemzügen wird Ihr ganzer Körper sich stabil anfühlen und Sie können mit einer neuen Sicherheit auf die Situation schauen, die Ihnen zuvor Angst gemacht hat.

Auch hier möchte ich Sie einladen, die Methode direkt einmal auszuprobieren, selbst wenn es dafür eigentlich keinen konkreten Anlass gibt. Zum einen können Sie sich dadurch jetzt schon von der Wirksamkeit der Methode überzeugen. Zum anderen wird Ihnen dann später deren Anwendung in tatsächlichen Situationen mit Stress und Sorgen leichter fallen.

Ein Klient von mir wendet das Tool sogar während Meetings an. Er ist im Vorstand einer großen Bank und kam zu mir, da er auf einmal das Gefühl hatte, dass ihn manche Situationen überfordern. Für ihn eine vollkommen neue Erfahrung, denn er war es gewohnt, der Leader zu sein, der Starke, der alles im Griff hat. Bis ihn dann eines Tages eine Panikattacke überfiel, während er im Auto auf dem Weg zu einem Termin war. Er musste rechts ranfahren, aussteigen und Luft schnappen. Erst nach einer knappen halben Stunde hatte er sich wieder so weit gefangen, dass er weiterfahren konnte. Dieses Gefühl des Kontrollverlustes tauchte von da an immer häufiger bei ihm auf. Als er mit dem Anliegen zu mir kam, die alte Selbstsicherheit wiederzugewinnen, war die Methode »Sicherer Boden« ein erstes Hilfsmittel, das ich ihm an die Hand gegeben habe. Dies war natürlich keine endgültige Lösung, aber immerhin hatte er so eine schnell wirkende Methode für den akuten »Notfall«, bis er durch die Coachingsitzungen nach und nach zu neuem Selbstbewusstsein gelangte. Er scheute sich wie gesagt nicht, dieses Tool auch während wichtiger Vorstandssitzungen anzuwenden, wenn wieder das unangenehme Gefühl des Kontrollverlustes in ihm aufstieg. Damit dies von den Kollegen unbemerkt blieb, wendete er es einfach im Sitzen und mit offenen Augen an. Mit etwas Übung wird Ihnen das auch gelingen.

Durch das Wissen und die Tools, die Sie aus »Phase 1 – Automatikmodus abschalten« mitnehmen, sind Sie nun in der Lage, den steinzeitlichen Automatikmodus zu deaktivieren, den Tunnelblick aufzulösen und so Ihren vorhandenen Spielraum besser zu erkennen. Dies ist der erste Schritt, um mehr Kontrolle über Ihr Leben zu bekommen.

AUSGEJAMMERT!-STRATEGIE PHASE 2
FLEXIBILITÄT TRAINIEREN

> Warum wir heutzutage flexibler denn je sein sollten

> Wie wir unser Gehirn an unsere Bedürfnisse anpassen können

> Wie wir unsere Flexibilität trainieren

> Warum Fehler wichtig sind

> Welchen Nutzen andere Perspektiven haben

Nachdem Sie in Phase 1 der »AUSGEJAMMERT!-Strategie« erfahren haben, wie Sie mentale Blockaden auflösen und Ihren vorhandenen Spielraum erkennen können, ist es nun an der Zeit, diesen zu vergrößern. Je mehr Wissen und Erfahrungen Sie haben, umso flexibler können Sie auf Herausforderungen reagieren. Außerdem werden Sie erfahren, wie Sie flexibler mit Situationen umgehen können, die Ihnen nicht gefallen, die Sie aber nicht ändern können.

Das flexible Gehirn

Wie zuvor beschrieben versucht unser kleiner Jammerlappen uns vor jeglicher Veränderung zu bewahren, da er alles Unbekannte als Lebensgefahr deutet. In der heutigen Zeit ändern sich jedoch die äußeren Faktoren immer schneller, sowohl im privaten Bereich als auch im Berufsleben. Dass Generationen einer Familie bei demselben Arbeitgeber arbeiten, ist nur noch eine Seltenheit. Früher war es wesentlich häufiger, dass Unternehmen über Jahrzehnte die gleiche Sicherheit und Stabilität bieten und auch in wirtschaftlich schwierigen Zeiten den Großteil der Arbeitsplätze erhalten konnten. Heute gelingt das nur noch alteingesessenen Großkonzernen, und auch diese müssen immer enger kalkulieren. Wird Personal abgebaut, müssen sich die restlichen Arbeitskräfte in zusätzliche Aufgaben einfinden. Firmen gehen aufgrund des Wettbewerbs in den Konkurs, Massenentlassungen sind die Folge, wir müssen uns neue Jobs suchen und oft sogar in eine andere Stadt ziehen, um wieder eine Beschäftigung zu finden. Auch das Familienbild hat sich in den letzten Jahrzehnten geändert, ein Elternteil (meist die Mutter) zieht die Kinder alleine groß und muss dazu auch noch den Lebensunterhalt verdienen, Väter bleiben zu Hause, während die Mütter das Geld nach Hause bringen, oder beide Eltern gehen arbeiten, während das Kind von anderen betreut wird. Durch die digitale Vernetzung fließen Informationen immer schneller, das beschleunigt die Abläufe, wir müssen lernen, immer rascher mit neuen Bedingungen umzugehen. Alle paar Monate gibt es neue Generationen von Computern, Fernsehern, Handys und Software. Wenn Sie ein Smartphone besitzen, blinkt vielleicht gerade in dieser Sekunde eine Anzeige auf, dass für mindestens eine Applikation ein Update vorliegt, mit neuen Funktionen, deren Bedienung Sie erst wieder verstehen lernen müssen.

Vor 100 000 Jahren hatten diejenigen die besten Überlebenschancen, die sich genau so verhielten, wie sie es von ihren Vorfahren gelernt hatten. Frei nach der Devise: »Bloß kein Risiko! Was gestern für uns gut war, kann heute nicht schlecht sein.« Jetzt, im 21. Jahrhundert, ist diese Haltung dagegen eher schädlich. Wer zum Beispiel darauf besteht, die Briefe für den Chef weiterhin mit einer Schreibmaschine zu schreiben und keinen Computer zu benutzen, der wird nicht lange im Job bleiben. Heutzutage ist derjenige am erfolgreichsten, der am flexibelsten mit Veränderungen umgehen kann. Je vielseitiger unsere Fähigkeiten und Sichtweisen sind, umso souveräner können wir auf neue Umstände reagieren. Um das zu erreichen, müssen wir uns aktiv mit neuen Dingen beschäftigen, auch wenn unser kleiner Jammerlappen immer wieder versucht, uns davon abzuhalten, und uns Sachen einflüstert wie: »Mach es doch so wie immer, damit hast du Erfahrung und du weißt, wie es funktioniert. Es ist viel zu riskant, neue Wege auszuprobieren.«

Die gute Nachricht lautet: Wir können bis ins hohe Alter unsere Fähigkeiten erweitern und so selbst dafür sorgen, dass wir immer etwas freier, selbstsicherer und glücklicher leben. Die schlechte Nachricht dazu ist allerdings: Wenn wir diese Möglichkeit nicht nutzen, dann werden wir immer unzufriedener – das gilt vor allem auch im Alter. Wir alle kennen das klischeehafte Bild der grantigen Alten. »Früher war alles besser!« oder »Diese Jugend von heute!« sind typische Sätze, mit denen sie ihrem Missmut Ausdruck verleihen. Haben Sie sich schon einmal gefragt, woher diese Haltung bei einigen älteren Menschen kommt? Es ist die immer kleiner werdende Komfortzone, in der sie sich bewegen. Oder anders gesagt: Die Kiste, in der sich ihr Jammerlappen wohlfühlt, schrumpft, während gleichzeitig der Bereich außerhalb der Kiste wächst und als immer größere Bedrohung empfunden wird.

> »Wir hören mit dem Spielen nicht auf,
> weil wir alt werden; wir werden alt,
> weil wir mit dem Spielen aufhören.«
> George Bernard Shaw (1856–1950)

Lassen Sie uns diese Entwicklung im Alter genauer ansehen, da sie deutlich macht, welche Rolle Flexibilität auch schon in jüngeren Jahren spielt: Wenn wir in Rente gehen, verändert sich unser Leben noch einmal grundlegend. Wir gehen nicht mehr unserer üblichen Beschäftigung nach und fordern so unser Gehirn weniger. Vielleicht fahren wir von nun an nur noch selten oder gar nicht mehr Auto, da der Weg zur Arbeit bisher einer der wenigen Gründe war, ein Fahrzeug zu lenken. Wir bewegen uns weniger, verlieren unsere Fitness und mit der Zeit fällt uns jede körperliche Betätigung schwerer. Wir verlassen immer seltener das Haus. All dies und noch viel mehr, was wir im Alter unterlassen, hat einen Einfluss auf unsere Komfortzone – sie wird immer kleiner. Sollen wir dann zum Beispiel wieder Auto fahren, wird das zum Horrortrip, vor allem wenn wir auf die Autobahn müssen. Der Verkehr wirkt auf einmal Angst einflößend auf uns. Waren wir lange nicht mehr in der Großstadt, sind wir überfordert von all den Schildern, Passanten, Radfahrern usw. Wenn wir uns nicht mit der aktuellen Kommunikationstechnik beschäftigen, ist diese für uns ein Buch mit sieben Siegeln, wir gehen nicht mit der Zeit und haben dadurch vielleicht weniger Kontakt zu anderen. Laden uns unsere Kinder zum Weihnachtsfest ein und es laufen nicht alle Rituale so ab, wie wir es seit Jahrzehnten an Heiligabend praktiziert haben, dann sind wir genervt, da unser Nachwuchs Weihnachten »nicht richtig« feiert. Kurz gesagt, je weniger wir unser Gehirn im Alter durch Abwechslung und eine Vielzahl an Aufgaben fordern, umso schneller sind wir überfordert. Genau das macht uns unzufrieden und grantig. Und dann versucht uns unser Jammerlappen auch noch davon zu überzeugen, dass wir selbst nichts dafür können. »Die anderen sind schuld! Die wissen nicht, wie man die Dinge richtig tut! Außerdem verlangen sie Unmögliches von uns! Und die anderen sind außerdem diejenigen, die so unflexibel sind. Könnten sich ruhig mal nach uns richten!«

Der gerade beschriebene Zustand kann jedoch auch schon in jüngeren Jahren eintreten. Fordern wir uns nicht mit möglichst unterschiedlichen Aufgaben, so sorgen wir ungewollt dafür, dass unsere Komfortzone nicht wächst und sich unser steinzeitlicher Jammerlappen immer schneller zu Wort meldet.

Mit der Flexibilität ist es wie mit Krafttraining. Wenn wir dreimal in der Woche Gewichte stemmen, dann haben wir schnell beachtliche Muskeln, fühlen uns attraktiv und stark – und sind es auch. Sobald wir jedoch mit dem Training aufhören, bildet sich die Muskelmasse zurück und wir verlieren unsere Stärke. Damit wir souverän auf die Herausforderungen des Lebens reagieren können, müssen wir also ständig an unserer Flexibilität arbeiten. Genauso wie unser Körper

Muskeln in jenen Regionen aufbaut, die wir durch Gewichte beanspruchen, können wir auch unser Gehirn darin trainieren, besser mit unterschiedlichen Anforderungen umzugehen, die außerhalb unserer Komfortzone liegen. Man spricht in diesem Zusammenhang auch von der neuronalen Plastizität. Die Synapsen, Nervenzellen oder ganze Hirnareale können ihre Eigenschaften und ihre Leistungsfähigkeit verändern – je nach Beanspruchung.

Ein eindrucksvoller Beleg für unsere Fähigkeit, unser Gehirn durch Training an neue Aufgaben anzupassen, ist eine Studie, die vor einigen Jahren mit Londoner Taxifahrern durchgeführt wurde. Wer in London eine Fahrerlizenz haben möchte, muss zunächst eine drei- bis vierjährige Ausbildung absolvieren. Darin geht es um »The Knowledge« (auf Deutsch »Das Wissen«), wie die Londoner Taxifahrer ehrfurchtsvoll sagen: Jeder Absolvent muss beweisen, dass er den gesamten Londoner Stadtplan im Kopf hat, mitsamt der rund 25 000 Straßennamen und der etwa 20 000 sehenswerten Orte der Metropole. Jedes Fleckchen im Umkreis von sechs Meilen um die Charing Cross Station im Herzen Londons muss er kennen. Also jede Menge Training für die grauen Zellen. Das dachten sich auch die Forscher des »University College London«. Mit Hirnscans und Gedächtnistests untersuchte das Team um die Neurowissenschaftlerin Eleanor Maguire 39 angehende Taxifahrer, und zwar vor der Ausbildung und danach. Als Kontrollgruppe dienten 20 Anwärter, die ihre Ausbildung vorzeitig abbrachen, und 31 Probanden, die nichts mit Taxifahren am Hut hatten, die also keine Stadtpläne auswendig lernen mussten. Alle 90 Teilnehmer unterschieden sich in den Ergebnissen der Eingangsuntersuchung nur unwesentlich, hatten also dieselben Voraussetzungen. Nach der Ausbildung zeigten sich jedoch große Unterschiede. Die inzwischen zertifizierten Fahrer hatten nach den drei bis vier Jahren des Lernens stärkere Strukturen im Bereich des Hippocampus als die Vergleichsgruppe. Der Hippocampus hat eine große Bedeutung für die räumliche Orientierung und ist unter anderem dafür zuständig, Informationen und Eindrücke, die wir zu verschiedenen Zeitpunkten unseres Lebens über einen Ort sammeln, zu einer Art »inneren Karte« zusammenzufügen. Dadurch ist uns erst eine Orientierung in einer Stadt, einem Haus oder in der Natur möglich. Bei denjenigen Studienteilnehmern, die die Ausbildung abgebrochen oder erst gar nicht begonnen hatten, konnten die Forscher dagegen keine Veränderungen in diesem Hirnareal feststellen. »Wir konnten bei den Azubis genau sehen, wie externe Reize – hier das Lernen von Straßen und Orten – die Struktur im Hippocampus über Jahre veränderte, sich neue Nervenzellen bildeten. Selbst im Erwachsenenalter bleibt das menschliche Gehirn also flexibel«, fasst Professorin Maguire die Ergebnisse zusammen. Wir haben demnach ideale Voraussetzungen, um uns an die wechselnden Bedingungen der modernen Welt anzupassen, sofern wir uns aus der Diktatur unserer steinzeitlichen Gehirnteile befreien.

Hallo!

Ich bemühe mich ja nach besten Kräften, Ihnen das Leben so angenehm wie möglich zu machen, aber das kann nur funktionieren, wenn Sie auch auf mich hören.

Also schön, dann erkläre ich Ihnen eben auch noch, wie das wirklich mit der Flexibilität ist: FLEXIBILITÄT WIRD ÜBERBEWERTET! So, jetzt ist es raus. Sie sind doch ein erwachsener Mensch und haben jede Menge Erfahrung. Also bei dem, was Sie schon alles erlebt haben, da brauchen Sie nichts mehr dazuzulernen. Sie können eher noch den anderen was beibringen. Meine Devise ist: Lieber eine Sache richtig können als viele ein bisschen.

Hier meine zwei Merksätze zum Thema Flexibilität:

»Wir haben schon für alles eine gute Lösung!«
Lassen Sie es uns einfach in unserer Kiste gemütlich machen. Es gibt nichts Bequemeres als die Komfortzone. Mag ja sein, dass es da draußen noch andere Möglichkeiten gibt, wie wir unsere Ziele erreichen könnten. Aber haben Sie eine Vorstellung, welche Energie es kosten würde, sich mit neuen Dingen zu beschäftigen? Dazu müssten Sie vielleicht vorher noch

Alternativen recherchieren und dann etwas Neues lernen? Ökonomisch ist das wirklich nicht, es kann uns ja auch keiner garantieren, dass sich der ganze Aufwand überhaupt lohnt. Wir bleiben besser bei dem, was wir jetzt schon wissen und können.

»Wer nicht unserer Meinung ist, liegt falsch!«

Wir haben die richtige Sichtweise und wer diese nicht teilt, ist unflexibel! Mag ja sein, dass die anderen sich für irre »flexibel« halten und andere Perspektiven auf die Dinge haben als wir. Da sollen sie sich aber mal bloß nichts drauf einbilden.

Meine Empfehlung: Bleiben Sie in jedem Fall bei Ihrem alten Verhalten. Wenn es Sie nicht zum Ziel führt, dann probieren Sie bloß nichts anderes! Sie müssen einfach an Ihrem alten Verhalten festhalten. Irgendwann wird es Sie bestimmt zum Erfolg führen, da bin ich sicher – auch wenn es bisher nicht geklappt hat. Und wenn Ihnen da jemand reinreden will, dann hat der keine Ahnung. Apropos Reinreden: Lassen Sie sich von dem feinen Herrn Fischedick bloß nichts einreden. Der kennt Sie doch gar nicht. Ich dagegen bin schon ein Leben lang bei Ihnen und kenne Sie besser als Sie sich selbst.

Ihr wohlmeinender

Jammerlappen

Erfolg durch Flexibilität

Mir war klar, dass der Jammerlappen nicht einverstanden sein wird, wenn Sie Ihre Möglichkeiten erweitern wollen. Es könnte ja anstrengend werden. Wenn wir unsere Möglichkeiten, zu wachsen und zu lernen, nicht nutzen, sondern lieber in unserer Komfortzone bleiben, ist das natürlich bequemer. Geben wir den äußeren Umständen die Schuld daran, dass wir angeblich nichts ändern können, dann stehen wir uns jedoch selbst im Weg. Wir sorgen mit dieser Einstellung dafür, dass wir unseren Spielraum, um Ziele zu erreichen oder mit Herausforderungen umzugehen, limitieren. Dadurch verhalten wir uns in vielen Situationen ineffizient und sind schnell gestresst. Ich würde sogar so weit gehen zu behaupten, dass sich einige Menschen durch ihre mangelnde Flexibilität selbst Probleme machen. Wenn wir dagegen sehr flexibel handeln, so wirkt das als Stressprophylaxe. Je mehr Kompetenzen wir haben, um zu agieren oder zu reagieren, desto souveräner gehen wir mit Herausforderungen um.

> *»Wenn der Wind der Veränderung weht,*
> *bauen die einen Mauern*
> *und die anderen Windmühlen.«*
> Chinesisches Sprichwort

Welche Auswirkung mangelnde Flexibilität haben kann, zeigt der Aufstieg und Fall des Versandhauses Quelle. Nach dem Zweiten Weltkrieg war der Universalversender neben Otto und Neckermann ein Symbol des deutschen Wirtschaftswunders. Die Deutschen sehnten sich nach den Hungerjahren nach Konsumgütern wie Kleidung, Möbeln, Spielzeug oder Elektrogeräten. Das Sortiment von Quelle umfasste damals sogar Fernreisen sowie Wohnwagen, Motorboote und Fertighäuser. Durch den Versandhandel konnten nun auch Bewohner in abgeschiedenen Orten das Warenangebot genießen, das sonst nur in der weit entfernten Großstadt in Kaufhäusern und Fachgeschäften zu finden war. Deutschlandweit wurden die telefonbuchdicken Kataloge verschickt. Das Geschäft blühte und selbst als 1995 der Onlinehändler Amazon in Deutschland in den Markt einstieg, sahen die Verantwortlichen von Quelle keinen Grund, etwas an ihrer bisherigen Erfolgsstrategie zu ändern. Warum sollte das, was die letzten Jahrzehnte gut funktioniert hatte, plötzlich nicht mehr erfolgreich sein? Selbst als Amazon das anfängliche Sortiment aus Büchern und CDs um zahlreiche zusätzliche Produkte erweiterte, hielt Quelle an den bisherigen Strukturen fest und nutzte nicht die neuen Technologien des Internets. Dabei wurde übersehen, dass Onlinekataloge nicht nur viel kostengünstiger herzustellen sind als die gedruckte Variante, sondern diese auch wesentlich aktueller gehalten werden können. Ein paar Knopfdrücke genügen und schon sind neue Produkte eingepflegt oder Preise an die der Konkurrenz angepasst. Quelle verschickte weiterhin stur jedes Jahr millionenfach Kataloge. Viel zu spät gab es Versuche, auch im Internetgeschäft mitzumischen. Das Resultat dieser Unflexibilität ging im Jahr 2009 durch die Presse: Quelle war insolvent. Einige Jahre danach musste auch Neckermann aufgeben. Nur der Otto-Versand konnte sich halten und hat inzwischen die Marken Quelle und Neckermann aufgekauft.

Was lief bei Otto anders als bei den Konkurrenten? Michael Otto, der Sohn des Firmengründers Werner Otto, erkannte wesentlich früher als seine Mitbewerber, dass die Zeiten sich wandeln und Veränderungen nötig sind. Michael Otto verbrachte schon Anfang der 1990er-Jahre viel Zeit im Silicon Valley in den USA, einem der weltweit bedeutendsten Standorte der IT-Industrie. Dort lernte er, wie die Zukunft des Onlinehandels aussieht, und nutzte dieses Wissen, um den eigenen Konzern auch auf längere Perspektive wettbewerbsfähig zu halten. Der Erfolg gibt ihm recht und so rangiert Otto heute auf Platz 2 der erfolgreichsten deutschen Onlinehändler, direkt hinter Amazon.

»Die reinste Form des Wahnsinns ist es,
alles beim Alten zu lassen und gleichzeitig
zu hoffen, dass sich etwas ändert.«
Albert Einstein (1879–1955)

Ein weiteres Beispiel für mangelnde Flexibilität habe ich neulich im Zug erlebt, als ich auf dem Weg zu einem meiner Vorträge war. Ich hörte hinter mir eine immer lauter werdende Frauenstimme, die ständig wiederholte: »32 Euro 50!« Als ich mich umdrehte, sah ich, dass die Zugbegleiterin einige Reihen hinter mir bei einem Fahrgast stand, der sie wiederholt auf Englisch fragte, warum er etwas bezahlen müsse, wo er doch schon eine Fahrkarte habe. Sie erwiderte nichts weiter als: »32 Euro 50!« Sehr höflich bat der Fahrgast weiter um eine Erklärung. Er sei ja bereit zu zahlen, wenn er verstehen würde, warum das nötig war. Doch jedes Mal bekam er nur »32 Euro 50!« als Antwort. Die Schaffnerin verstand anscheinend kein Englisch und wusste auch keine andere Lösung, und so wiederholte sie einfach immer und immer wieder die Summe, die der Fahrgast nachzuzahlen hatte. So als würde ihr Jammerlappen ihr gerade etwas einflüstern wie: »Mach weiter so! Du machst es genau richtig! Wenn er dich nicht versteht, dann ist das sein Problem. Schließlich sollte man von einem Fahrgast der Deutschen Bahn doch erwarten können, dass er Deutsch spricht.«

Die Situation löste sich erst, als eine sehr flexible Mitreisende, die in der Nähe des verzweifelten Fahrgastes saß, der Zugbegleiterin den ausstehenden Betrag zahlte, um dem Ganzen ein Ende zu setzen. Triumphierend zog die Bahnangestellte mit dem Geld von dannen. Der Reisende setzte sich neben die Dame, die ihn unterstützt hatte, und bedankte sich bei ihr. Er hatte aber immer noch nicht verstanden, warum er nachzahlen musste. Die hilfsbereite Mitreisende, die im Gegensatz zu der Zugbegleiterin Englisch sprach, erklärte ihm die Situation: Er hatte zwar ein Ticket für die richtige Strecke gelöst, allerdings nur für die Fahrt mit einem Regionalzug, und wir befanden uns in einem ICE. Das war der Grund für den Zuschlag. Endlich verstand der ausländische Fahrgast den Hintergrund der Nachzahlung und gab der Sitznachbarin das Geld zurück, das sie für ihn ausgelegt hatte.

Für mich hat diese Bahnangestellte nicht wirklich zum guten Image der Deutschen Bahn beigetragen. Selbst wenn sie wirklich kein Englisch verstanden hat, so hätte sie mit etwas Flexibilität die Situation anders lösen können. Eine Frage an die Mitreisenden, ob eventuell jemand übersetzen könne, wäre zum Beispiel eine Möglichkeit gewesen. Dies scheint der Zugbegleiterin aber nicht in den Sinn gekommen zu sein, da es außerhalb ihrer Erfahrung und damit außerhalb ihrer Komfortzone lag.

Je mehr Erfahrung wir haben, je breiter unser Wissensspektrum ist, umso flexibler sind wir. Haben wir nur einen Hammer in unserem Werkzeugkasten, dann sind wir überfordert, wenn es plötzlich darum geht, eine Schraube in die Wand zu drehen. Wir würden dann vielleicht versuchen, die Schraube mit dem Hammer in die Wand zu schlagen, und es würde auch irgendwie gelingen, optimal wäre das allerdings nicht.

Und jetzt stellen Sie sich vor, Sie hätten einen Werkzeugkasten neben sich, der gut ausgestattet ist. Vielleicht liegt darin eine Auswahl an Hämmern, da Sie sich mit diesen am besten auskennen. Daneben finden sich aber noch diverse Schraubenzieher, Schraubenschlüssel, Zangen, Feilen, Meißel, Bohrer und vieles mehr. Einige der Werkzeuge sind eventuell etwas eingerostet, da Sie diese länger nicht mehr benutzt haben. Aufgrund der guten Qualität hat dies aber keinen Einfluss auf die Funktionalität. Wie würden Sie jetzt auf eine neue Situation oder eine Aufgabe reagieren, die vielleicht gar nicht geplant oder vorhersehbar war und in der Sie mit Ihrem Hammersortiment nicht weiterkommen?

Welche Möglichkeiten sich durch eine flexible Herangehensweise auftun, zeigt eine Begebenheit aus Amerika. In einem großen Konzern, der Drogerieartikel herstellt, sollten die Experten der Abteilung für Mundpflegeprodukte eine Zahnpasta entwickeln, die die Zähne noch weißer macht als jedes andere Produkt. Der Druck war hoch, denn das Unternehmen hatte in den letzten Jahren starke Umsatzeinbußen einstecken müssen und brauchte eine kleine Sensation, um wieder ganz oben mitspielen zu können. Die Forscher tüftelten und experimentierten. Versuche mit neuen Schleifmitteln, die man in die Zahnpasta mischte, brachten kein besseres Ergebnis als die marktüblichen Produkte. Auch die Variation aller anderen Zusätze machte die Zähne nicht weißer. Anscheinend war keine Steigerung mehr möglich. Die Experten waren ratlos.

Dann kam einer der Kollegen auf eine Idee. Während seiner Ausbildung hatte er unter anderem in der Abteilung für Waschmittelforschung gearbeitet. Er stellte die Parallele her, dass es auch bei der Entwicklung von neuem Waschmittel darum ginge, die Wäsche immer noch weißer als weiß zu waschen. Und auch hier gab es das Problem, dass man Wäsche nicht noch sauberer als sauber bekommt. Allerdings kannten die Chemiker aus der Waschmittelabteilung einen Trick, um dieses scheinbar unlösbare Problem zu lösen: Wenn man die Kochwäsche auch nicht reiner als porentief rein machen kann, so kann man doch zumindest dafür sorgen, dass die Wäsche noch weißer aussieht. Hierzu mischt man schon seit Langem optische Aufheller in das Waschpulver. Es handelt sich dabei meist um leicht bläuliche Farbstoffe, die den Gelbstich ausgleichen, den Weißwäsche oft hat. Genau diesen Trick versuchten die Forscher nun auch bei der neuen Zahnpasta. Sie fügten der Rezeptur hellblaue Farbpigmente bei und tatsächlich zeigte sich schon bei ersten Tests, dass diese in Verbindung mit dem gelblichen Zahnschmelz ein strahlendes Weiß ergaben. Inzwischen wird diese Methode bei vielen Zahnpasten angewendet, vielleicht auch bei Ihrer.

Wären die Forscher auf diese Idee gekommen, wenn sie nur in ihrem vertrauten Bereich nach Lösungen gesucht hätten? Ich denke nicht.

Flexis

Sie haben zwei Möglichkeiten, Ihre Flexibilität zu steigern:

1. Sie können Ihren Wissenshorizont erweitern.

2. Sie können Ihr Gehirn bewusst daran gewöhnen, immer wieder mit neuen Situationen umzugehen.

Wie Sie neues Fachwissen erlangen, ist Ihnen sicherlich klar. Bücher, Seminare, Vorträge, Onlinekurse, Gespräche mit Experten, DVDs und Audioprodukte sind nur einige der dazu existierenden Möglichkeiten. Und Sie können natürlich auch wie die Londoner Taxifahrer Stadtpläne studieren, um Ihren Orientierungssinn zu verbessern. Da Sie im Punkt Fortbildung selber am besten wissen, was für Sie interessant ist, verlassen Sie sich bei der Auswahl einfach auf Ihr Bauchgefühl. Meine Empfehlung: Hören Sie nie auf, neue Dinge zu lernen!

Auf den nächsten Seiten möchte ich mich vornehmlich der zweitgenannten Möglichkeit widmen, die für Sie neu sein dürfte: Und zwar geht es darum, Ihr Gehirn daran zu gewöhnen, dass neue Umstände keine Gefahr bedeuten, sondern vielmehr eine Chance sein können. Wenn Sie zu Beginn des Buches bei dem Experiment mitgemacht haben, in dem Sie Ihre Finger anders als gewohnt verschränken sollten, dann haben Sie am eigenen Leib gespürt, dass sogar winzige Abweichungen vom normalen Ablauf den kleinen Jammerlappen in unserem Kopf in helle Aufregung versetzen. Er wird immer wieder versuchen, Ihnen einzureden, auf gar keinen Fall neue Verhaltensweisen auszuprobieren. Je öfter Sie dies dennoch tun, umso leichter wird Ihr Gehirn in Zukunft mit Veränderungen umgehen. Es ist dann fast so, als würden Sie dem steinzeitlichen Teil Ihres Gehirns demonstrieren, dass neue, andere Wege in der heutigen Zeit nicht lebensbedrohlich sind. Bevor ich Ihnen eine ganze Reihe von kleinen Übungen vorstelle, mit denen Sie Ihr Gehirn in Flexibilität trainieren können, möchte ich Sie zu einem kleinen Selbsttest einladen.

IIIIIExperiment

»Flex-o-Meter«

Wir überschätzen oft, wie flexibel wir tatsächlich sind. Damit Sie sich bewusster darüber werden, beantworten Sie bitte die folgenden Fragen:

Wie oft …

1	…tun Sie etwas, was Sie eigentlich ganz unterlassen wollten?	☐oft ☐manchmal ☐nie
2	…recherchieren Sie etwas, wenn Sie es nicht wissen?	☐oft ☐manchmal ☐nie
3	…tragen Sie dieselbe oder ähnliche Kleidung?	☐oft ☐manchmal ☐nie
4	…fragen Sie andere nach ihrer Meinung?	☐oft ☐manchmal ☐nie
5	…kommen Sie mit neuen Menschen ins Gespräch?	☐oft ☐manchmal ☐nie
6	…denken Sie, dass das Leben langweilig ist?	☐oft ☐manchmal ☐nie
7	…tun Sie etwas, was andere von Ihnen nicht erwartet haben?	☐oft ☐manchmal ☐nie

8	...fahren Sie an dasselbe Urlaubsziel?	☐oft ☐manchmal ☐nie
9	...regt es Sie auf, wenn andere Menschen ihre Pläne kurzfristig ändern?	☐oft ☐manchmal ☐nie
10	...übernehmen Sie die Verantwortung für Ihr Wohlergehen?	☐oft ☐manchmal ☐nie

Zur Auswertung vergeben Sie bitte die Punkte für Ihre jeweiligen Antworten entsprechend der folgenden Tabelle und addieren Sie diese.

	Punkte		
Frage	oft	manchmal	nie
1	−2	+1	+2
2	+2	+1	−2
3	−2	+1	+2
4	+2	+1	−2
5	+2	+1	−2
6	−2	+1	+2
7	+2	+1	−2
8	−2	+1	+2
9	−2	+1	+2
10	+2	+1	−2

Summe: _____

Anhand der folgenden Skala können Sie nun in etwa einschätzen, wie hoch der Grad Ihrer Flexibilität ist.

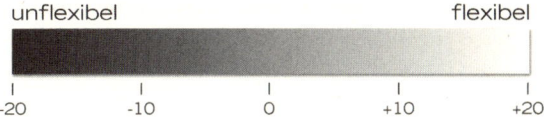

unflexibel   flexibel

-20	-10	0	+10	+20

Wenn Sie das Ergebnis anzweifeln, dann kann das zwei Gründe haben: Entweder Sie haben recht oder Sie möchten sich noch nicht eingestehen, dass Sie bei Ihrer Flexibilität etwas Luft nach oben haben. In jedem Fall wird Sie dieser Test zum Nachdenken gebracht haben.

Und nun zu den eben schon angekündigten Übungen, mit denen Sie – neben der Aneignung von Fachwissen – Ihre Flexibilität trainieren und steigern können.

‖‖‖Tool

»Flexis«

Hinter dem Titel »Flexis« verbergen sich kleine Aufgaben, mit denen Sie Ihr Gehirn ganz nebenbei daran gewöhnen können, dass Veränderungen keine Gefahr bedeuten, sondern dass sie ganz im Gegenteil für geistiges Wachstum sorgen. Auch wenn die »Flexis« auf den ersten Blick simpel erscheinen, werden Sie merken, dass es trotzdem kleine Herausforderungen sind. Diese kleinen Übungen können eine große Wirkung auf Ihr Leben haben, denn neben der zusätzlichen Flexibilität werden Sie bei der Ausführung der »Flexis« auch neue Erkenntnisse gewinnen. Lassen Sie sich also überraschen.

Suchen Sie sich mindestens einen der 55 »Flexis« pro Woche aus und setzen Sie diesen um. Als kleiner Tipp: Die Übungen, die bei Ihnen schon beim Lesen Widerstand oder Kopfschütteln hervorrufen, werden in der Umsetzung am wirkungsvollsten für Sie sein.

Wenn Sie es ganz komfortabel haben möchten, dann tragen Sie sich auf meiner Homepage www.Mathias-Fischedick.de/leichter.html für den »Flexi-Newsletter« ein und Sie bekommen 12 Wochen lang jeden Sonntag gratis einen »Flexi« von mir zugeschickt.

1. Tragen Sie heute den ganzen Tag lang keine Uhr.

2. Machen Sie den ersten Schritt, um eine zerbrochene Freundschaft wieder zu kitten.

3. Gehen Sie spazieren und machen Sie Fotos von dem, was Sie sehen.

4. Setzen Sie sich beim Essen, in einer Sitzung usw. auf einen Platz, an dem Sie sonst nicht sitzen.

5. Ziehen Sie heute mit Absicht zwei unterschiedliche Socken an und tragen Sie diese den ganzen Tag.

6. Verschenken Sie etwas, ohne zu erwarten, etwas zurückzubekommen. Es kann auch etwas Immaterielles wie eine Umarmung oder ein Kompliment sein.

7. Gönnen Sie sich heute mehr Bewegung als sonst. Nehmen Sie die Treppe anstelle des Aufzugs, nutzen Sie Ihre Mittagspause, um spazieren zu gehen, stellen Sie den Papierkorb weiter weg von Ihrem Schreibtisch, sodass Sie den Müll werfen müssen bzw. sich bewegen müssen, falls Sie nicht treffen etc.

8. Spielen Sie heute ein paarmal den geheimen Wohltäter. Legen Sie einem Kollegen Schokolade auf den Platz, stecken Sie Geld in einen Getränke- oder Süßigkeitenautomaten, ohne etwas auszuwählen, lassen Sie ein Buch im Bus oder Zug liegen o. Ä. Geben Sie sich auf keinen Fall als der edle Spender zu erkennen.

9. Fragen Sie junge Menschen in einer Ihnen wichtigen Angelegenheit um Rat. Vielleicht Ihre Kinder, die Praktikantin oder den Fitnesstrainer?

10. Sagen Sie heute mindestens einem Freund oder einer Freundin, warum Sie ihn oder sie mögen.

11. Kaufen und lesen Sie eine Zeitschrift, die Sie sonst niemals lesen würden.

12. Lassen Sie eine andere Person das Essen für Sie aussuchen. Sollten Sie gewisse Nahrungsmittel nicht vertragen, sagen Sie das dem anderen zuvor, aber essen Sie auch Dinge, die Sie eigentlich nicht mögen.

13. Steigen Sie in einen x-beliebigen Bus und lassen Sie sich überraschen, wo er Sie hinbringt und was es während der Fahrt zu entdecken gibt.

14. Kontaktieren Sie eine Freundin oder einen Freund, von der oder dem Sie lange nichts mehr gehört haben.

15. Singen Sie zusammen mit jemandem ein Lied, mit dem Sie lange nicht mehr oder noch nie gesungen haben.

16. Machen Sie sich ein abwaschbares Tattoo an einer für die anderen sichtbaren Stelle und tragen Sie es mindestens einen Tag. (Welches Motiv wählen Sie und wo platzieren Sie es?)

17. Schlafen Sie heute Nacht auf der anderen Seite des Bettes oder mit dem Kopf am Fußende.

18. Hören Sie mindestens eine Stunde Musik, die ansonsten gar nicht Ihr Geschmack ist. Lassen Sie sich dabei von einem Freund oder Kollegen beraten, der sich mit dieser Stilrichtung auskennt.

19. Machen Sie heute mindestens eine Sache, die Sie als Kind gerne getan haben und lange nicht mehr gemacht haben.

20. Laufen Sie barfuß, zumindest zu Hause und auf der Arbeit.

21. Gehen Sie ohne Geld aus dem Haus und finden Sie heraus, wie Sie den ganzen Tag nur mit kostenlosen Angeboten über die Runden kommen.

22. Planen Sie einen für Sie ungewöhnlichen Urlaub. Sie brauchen ihn später nicht unbedingt zu buchen, aber planen Sie ihn in allen Details.

23. Gönnen Sie sich morgen ein perfektes Frühstück. Bereiten Sie schon heute alles vor. Kaufen Sie die Lebensmittel ein, decken Sie vor dem Schlafengehen den Tisch, suchen Sie Musik aus etc. Lassen Sie sich dann morgen Zeit, um das Frühstück zu genießen.

24. Nehmen Sie heute den ganzen Tag lang bewusst wahr, wie sich die Dinge anfühlen, die Sie berühren. Der Griff der Zahnbürste, Ihre Haare, das Besteck, Arbeitsmaterial, die Hände, die Sie schütteln, etc.

25. Suchen Sie sich in Gedanken eine Person aus, mit der Sie auf Kriegsfuß stehen. Schauen Sie den ganzen Tag durch deren »Brille« auf Ihr eigenes Verhalten.

26. Stehen Sie morgen extra früh auf, um den Sonnenaufgang zu beobachten, oder suchen Sie sich heute Abend einen schönen Platz, um den Sonnenuntergang zu genießen.

27. Sehen Sie den ganzen Tag lang nicht fern.

28. Worauf sind Sie stolz? Schreiben Sie eine Liste und erzählen Sie Freunden und Kollegen davon.

29. Machen Sie sich heute extra schick, auch wenn es keinen äußeren Anlass dazu gibt.

30. Schreiben Sie einen Brief, in dem Sie einem Menschen vergeben, von dem Sie sich ungerecht behandelt fühlen. Entscheiden Sie erst danach, ob Sie den Brief tatsächlich abschicken.

31. Machen Sie Ihrem Chef oder einem anderen Menschen, der in der Hierarchie über Ihnen steht, ein ernst gemeintes Kompliment.

32. Achten Sie bei allem, was Sie heute essen, ganz bewusst auf den Geschmack. Was nehmen Sie genau wahr? Welche Zutaten schmecken Sie heraus?

33. Nehmen Sie heute einen anderen Weg zur Arbeit, auch wenn es ein Umweg ist. Vielleicht nutzen Sie auch ein anderes Transportmittel oder gehen zu Fuß, wenn Sie es sonst nicht tun.

34. Stocken Sie die Vorräte von den Dingen auf, die sonst oft fehlen. Zum Beispiel Batterien, Toilettenpapier, Zahnpasta, Zettel etc.

35. Legen Sie am Abend eine genaue Liste über Ihre heutigen Ausgaben an. Wenn Sie das sonst auch tun, lassen Sie die Buchführung heute weg.

36. Hören Sie heute mehr zu, als dass Sie selber reden. Stellen Sie lieber Fragen, statt zu erzählen.

37. Tanzen Sie! Egal ob alleine zu Hause, auf der Straße, mit Kollegen an der Arbeitsstelle oder abends im Club.

38. Wie riecht Ihr Tag? Nehmen Sie ganz bewusst möglichst viele Gerüche wahr, die Ihnen den Tag über begegnen.

39. Vermeiden Sie heute möglichst den Kontakt über E-Mails. Wenn es geht, treffen Sie sich lieber persönlich mit dem Kommunikationspartner oder rufen Sie ihn an.

40. Gestalten Sie Ihren Abend anders als sonst. Bitten Sie Kollegen, Freunde oder Nachbarn um Empfehlungen.

41. Gönnen Sie Ihrem Körper Extrapflege. Sei es Maniküre, ein Peeling, ein Bad oder etwas anderes, das sonst nicht zu Ihren täglichen Ritualen gehört.

42. Verzichten Sie heute gänzlich auf Nachrichten. Lesen Sie keine Zeitung, surfen Sie nicht im Internet, schalten Sie das Radio zur vollen Stunde ab und sehen Sie keine Nachrichtensendungen.

43. Ernähren Sie sich heute besonders gesund. Essen Sie kein Fast Food, keine Fertiggerichte und sorgen Sie für ausreichend Obst und Gemüse auf Ihrem Speiseplan.

44. Wann immer Sie heute »Nein« denken, halten Sie inne, fragen sich »Warum eigentlich nicht?« und handeln danach.

45. Erscheinen Sie heute zu jedem Termin mindestens fünf Minuten früher.

46. Was sind Ihre wichtigsten Ziele im Leben? Teilen Sie diese Gedanken mit Freunden und Kollegen.

47. Schlucken Sie Ihren Stolz herunter und bitten Sie heute einige Male andere Menschen um Unterstützung.

48. Heute ist der »Tag der Nachbarn«. Stellen Sie sich Nachbarn vor, mit denen Sie noch nie gesprochen haben, oder überraschen Sie vertraute Nachbarn mit einem Kuchen oder einer anderen kleinen Aufmerksamkeit.

49. Fragen Sie mindestens drei Menschen nach dem Namen, mit denen Sie schon lange zu tun haben, aber deren Namen Sie nicht kennen. Wie heißt z. B. Ihr Postbote, der Müllmann, der Busfahrer, der Pförtner, der Eisverkäufer etc.

50. Sparen Sie heute so viel Energie wie möglich. Stellen Sie das Wasser während des Zähneputzens ab, machen Sie nur dann Licht an, wenn Sie es wirklich brauchen, schalten Sie beim Autofahren möglichst früh in einen höheren Gang etc.

51. Achten Sie einmal darauf, welche kleinen und großen Gewohnheiten Sie haben, und notieren Sie diese.

52. Rufen Sie einen wildfremden Menschen an. Wählen Sie dazu blind eine Nummer auf Ihrem Telefon. Es mag sein, dass Sie ein paar Versuche benötigen, bis Sie eine Nummer erwischen, die zum einen tatsächlich vergeben ist und bei der sich auch jemand meldet. Legen Sie nicht einfach auf, sondern fangen Sie ein Gespräch mit der Person am anderen Ende der Leitung an. Sagen Sie ruhig ganz offen, dass es sich um eine Übung handelt, um Ihre Flexibilität zu steigern.

53. Lesen Sie jemandem eine Geschichte vor. Vielleicht Ihrer Partnerin oder Ihrem Partner, einem Freund, Kollegen oder einem anderen Menschen, dem Sie bisher noch nie vorgelesen haben. Es spielt keine Rolle, ob Sie es im persönlichen Kontakt tun oder per Telefon oder Videokonferenz.

54. Erkunden Sie die Stadt, in der Sie leben, zu einer Uhrzeit, zu der Sie noch nie unterwegs waren. Stehen Sie morgens in aller Frühe auf oder gehen Sie mitten in der Nacht los, um eine neue Seite Ihrer Stadt zu entdecken. Wenn Sie sich dabei unsicher fühlen, nehmen Sie jemanden als Begleitung mit.

55. Schauen Sie mindestens 15 Minuten Fernsehen ohne Ton. Achten Sie darauf, welche Unterschiede Sie an dem Programm wahrnehmen, das Sie bisher nur mit Sprache, Musik und Geräuschen kannten.

Damit Sie den ganzen Tag lang an Ihre jeweilige »Flexi-Aufgabe« denken, platzieren Sie Erinnerungsnotizen an Stellen, die Sie möglichst häufig sehen, wie z. B. Ihren Computerbildschirm. Oder machen Sie sich ein Zeichen auf Ihren Handrücken, z. B. ein »F« für »Flexi«. Notieren Sie sich abends nach einem »Flexi-Tag« Ihre Erkenntnisse:

> Wie haben Sie sich bei der Durchführung der Übung gefühlt?

> Wie und wann hat sich Ihr kleiner Jammerlappen gemeldet und wie haben Sie es geschafft, ihn in die Schranken zu weisen?

> Was haben Sie aus den heutigen Erfahrungen gelernt?

> Gibt es etwas, das Sie ab heute anders machen werden? Wenn ja: Was?

> Inwiefern hat sich nach dem heutigen Tag Ihre Einstellung zu gewissen Dingen verändert oder vielleicht auch bestätigt?

Wenn Sie einige der »Flexis« ausprobiert haben, werden Sie feststellen, dass diese Übungen nicht nur nützlich sind, sondern auch Spaß machen. Wenn Sie sich bei der Durchführung komisch gefühlt haben, dann ist das ein sicheres Zeichen dafür, dass Sie an Ihrer Flexibilität gearbeitet haben. Zum Abschluss dieses Abschnittes möchte ich Ihnen noch einen ganz besonderen »Flexi« im wahrsten Sinne des Wortes »ans Herz legen«.

||||||||||||Tool

»Die Herzumarmung«

Dieses besondere Ritual habe ich von Jan Becker gelernt, dem »Wundermacher«. Es lässt uns einen vertrauten Menschen auf ganz andere Art erleben und erweitert auch den Horizont, in dem wir uns bewegen. Wahrscheinlich ist es Ihnen noch nicht aufgefallen: Wenn wir einen anderen Menschen umarmen, dann berühren sich vor allem unsere rechten Körperhälften. Das ist bei uns allen so. Wenn Sie mir nicht glauben, dann knuddeln Sie einfach den nächstbesten Menschen, um sich zu überzeugen.

»Die Herzumarmung« unterscheidet sich von unserer gewohnten Art nur in einem Punkt: Sie umarmen sich so, dass sich die linken Körperhälften berühren, da, wo unsere Herzen schlagen. Das hört sich nicht nach viel Veränderung an, die Wirkung ist dafür umso größer. Gönnen Sie sich diese besondere, ungewöhnliche Erfahrung möglichst bald mit einem Menschen, den Sie gerne mögen.

Erlauben Sie sich, Fehler zu machen

Wenn Sie etwas anders machen als gewohnt, zum Beispiel bei der Umsetzung der zuvor beschriebenen »Flexis«, wird sich Ihr kleiner Jammerlappen melden und Sie warnen, dass Sie einen Fehler machen könnten. Und er hat recht, denn wenn wir etwas Neues ausprobieren, ist die Gefahr, einen Fehler zu machen, höher, als wenn wir etwas Erprobtes und oftmals Wiederholtes tun. Solange wir aber nicht das Risiko eingehen, das neue oder andere Wege mit sich bringen, werden wir auch nicht wachsen.

Wenn wir keine Fehler machen, dann ist das das sichere Zeichen, dass wir uns noch in unserer Komfortzone befinden.

Mit jedem Fehler erweitern Sie Ihre Flexibilität, da Sie eine neue Lernerfahrung machen. Wenn Sie bereit sind, herauszufinden, was funktioniert und was nicht, müssen Sie sich auch auf mögliche Fehler einstellen. Fehler gehören dazu, wenn es darum geht, Ihre Zukunft aktiv zu gestalten. Sie verlassen Ihre gewohnte Perspektive, werfen alte Gewohnheiten über Bord und gehen in einem unbekannten Land hinter Ihrem aktuellen Horizont auf eine spannende Entdeckungsreise. Sich selbst zu erlauben, Fehler zu machen, kann sehr befreiend sein.

Um ein eindrucksvolles Beispiel zu nennen: Ein Manager bei IBM machte einmal einen schwerwiegenden Fehler, der das Unternehmen 600 000 Dollar kostete. Thomas J. Watson, der damalige Generalbevollmächtigte von IBM, wurde daraufhin gefragt, ob er diesen Mitarbeiter denn nicht feuern wolle. Doch Watson antwortete: »Ich habe gerade 600 000 Dollar in seine Ausbildung investiert. Warum sollte ich einer anderen Firma ermöglichen, einen Mann mit dieser Erfahrung einzustellen?«

> »Möchten Sie von mir ein Erfolgsrezept
> hören? Es ist wirklich ganz einfach:
> Machen Sie doppelt so viele Fehler.«
> Thomas J. Watson (1874–1956)

Beschleicht Sie auch oft der Eindruck, dass erfolgreiche Menschen extrem selbstsicher sind und immer genau wissen, was sie tun? Als Coach habe ich den Vorteil, dass auch solche High Performer zu mir kommen und ganz offen über das sprechen, was in ihnen vorgeht. Daher weiß ich, dass auch die, die »es geschafft haben«, keineswegs immer alles im Griff haben. Auch sehr erfolgreiche Menschen machen Fehler und haben Angst, die Kontrolle zu verlieren. Der Unterschied ist nur: Sie machen trotzdem weiter. Sie haben den Mut, es zu tun. Je mehr Mut wir haben, umso besser können wir unser Leben in die Hand nehmen. Jeder Fehler bietet die Möglichkeit, uns selbst zu beweisen, dass wir trotzdem eine Lösung finden werden. Auch hier hilft die Frage: »Was ist das Schlimmste, was passieren kann, wenn es schiefgeht?« Und solange unser Verhalten keine Menschenleben gefährdet, weil wir zum Beispiel am offenen Herzen operieren oder ein Flugzeug steuern, haben wir nicht viel zu verlieren, aber jede Menge zu gewinnen.

Fehler werden für uns vor allem anstrengend, wenn wir versuchen, diese zu vertuschen, weil wir den Eindruck haben, dass sie uns schwach erscheinen lassen. Das Gegenteil ist der Fall. Nichts zeigt mehr Stärke und ist entwaffnender, als zu seinen Fehlern zu stehen. Was hat der andere dann noch in der Hand? Aus eigener Erfahrung weiß ich, dass Sie ein stärkeres Gefühl der Kontrolle haben, wenn Sie offen und ehrlich mit Ihren Fehlern umgehen. Auch werden Sie dadurch als wesentlich souveräner und selbstbewusster von Ihrer Umwelt wahrgenommen.

In diesem Zusammenhang ist mir ein Erlebnis besonders in Erinnerung geblieben: Vor einigen Jahren gab ich ein kurzes Schnupperseminar auf einem großen Kongress. Unter anderem hatte ich Dinge auf einem Flipchart notiert, um Zusammenhänge deutlich zu machen. Bei einem Wort, das ich geschrieben hatte – ich glaube, es war »Mimik« oder »Gestik« –, bemerkte ich beim Draufschauen, dass es seltsam aussah. Ich hatte mich verschrieben, wollte es korrigieren, erkannte aber nicht genau, wo der Fehler lag. Ich drehte mich zu den Anwesenden um und thematisierte das Problem ganz offen. Einer der Teilnehmer nannte mir den Fehler, ich korrigierte das Wort und setzte das Seminar fort. Nach der Veranstaltung sprachen mich einige Zuhörer an, bedankten sich für das Seminar und einer betonte, wie sehr ihn mein souveräner Umgang mit dem Schreibfehler beeindruckt habe. Ich schaute ihn verdutzt an, und er erwiderte, dass er es sich niemals getraut hätte, einen Fehler so offen anzusprechen. Die anderen Teilnehmer, die bei uns standen, stimmten ihm zu. Für mich ist das Erlebnis so stark in Erinnerung geblieben, da es mir zum einen gezeigt hat, welchen Eindruck es macht, wenn man selbst mit kleinen Fehlern offen umgeht. Zum anderen habe ich daraus gelernt, dass viele Menschen Hemmungen haben, offensiv damit umzugehen, wenn etwas schiefgelaufen ist. Diese Erkenntnis hat sich später in vielen anderen Situationen bestätigt. Daher mein Rat: Gehen Sie offen mit Fehlern um! Sie werden sich nicht nur selbstsicherer fühlen, sondern dazu auch noch das Vertrauen und den Respekt der anderen gewinnen.

Hallo Herr Fischedick!

Jetzt machen Sie aber mal einen Punkt! Dem Feind
seine Schwachpunkte zeigen, indem man Fehler zu-
gibt!? Pah, was soll das denn für eine Überlebensstrategie sein? Und auf alles flexibel reagieren, dann hat
man sein Leben im Griff? Manche Dinge kann man einfach nicht ändern, egal wie flexibel man ist. Die Welt ist
nun mal kein Schlaraffenland, in dem Milch und Honig
fließen. Es ist ja nett, dass Sie versuchen, ohne mich
klarzukommen, aber wie Sie merken, hab ich einfach
die größere Lebenserfahrung von uns beiden.

Ihr wohlwollender

Jammerlappen

Gute Aussichten

Lieber Jammerlappen, danke, dass du dich wieder mal so fürsorglich einschaltest. Und du hast in der Tat recht! Egal, wie flexibel wir sind, wie viele Lösungsmöglichkeiten wir in petto haben, es gibt Situationen, auf die haben wir keinen direkten Einfluss. Das heißt aber keineswegs, dass wir in solchen Fällen in die hilflose Opferrolle fallen müssen. Wir haben vielmehr die freie Entscheidung, wie wir mit den Dingen umgehen, die wir nicht ändern können.

Jeder von uns glaubt, dass er die Welt so wahrnimmt, wie sie wirklich ist. Dabei interpretieren wir alle ganz unbewusst die Dinge, die wir sehen, hören, riechen und schmecken, jeder auf seine Art und Weise, geprägt durch die Erziehung und die eigene Lebenserfahrung. Angenommen, ich würde hundert Menschen das Foto eines schwarzen Labradors zeigen und sie fragen, wie sie diesen Hund einschätzen. Jeder wird eine andere Meinung haben. Einige werden vielleicht sagen, dass Hunde gefährlich sind, besonders die schwarzen, wie der auf dem Foto. Andere werden dahinschmelzen und den Hund als süß bezeichnen. Wieder andere werden sagen, dass Hunde haaren und stinken. Und alle haben recht, jeder auf seine Weise. Welche Aspekte dem Einzelnen zuerst durch den Kopf gehen, hängt von der eigenen Erfahrung ab. Diejenigen, die den Hund als gefährlich eingestuft haben, wurden vielleicht als Kind einmal von einem Hund gebissen. Wer das Foto mit positiven Attributen bewertet, besitzt möglicherweise selber einen Hund oder hat bisher zumindest nur positive Erfahrungen mit diesen Tieren gemacht. Ob der spezielle Hund auf dem Foto nun wirklich gefährlich oder süß ist, ob er haart oder stinkt, wissen wir nicht, trotzdem schreiben wir ihm diese Attribute zu. Das geschieht wieder einmal unbewusst, initiiert durch unser steinzeitliches Gehirn, das aufgrund von Erfahrungen bewertet, die wir gemacht haben.

Manchmal ändern sich unsere Bewertungsmaßstäbe auch unwillkürlich. Das beste Beispiel dafür ist der Mensch an unserer Seite. Wenn wir frisch verliebt sind, finden wir alles großartig, was er oder sie tut. Süß, dass sie sich mehrfach umzieht, bis sie das passende Outfit für den Abend gefunden hat, und toll, dass ihre Mutter so an der frischen Liebe Anteil nimmt. Männlich, dass er auch zu Hause im Muskelshirt herumläuft und abends so müde ist, dass er auf dem Weg ins Bett vergisst, das Licht im Flur auszumachen. Nachdem die anfänglichen Schmetterlinge im Bauch davongeflattert sind, sehen wir die Dinge auf einmal anders. »Soll sie doch irgendwas anziehen oder einfach nichts, ist doch eh egal, ich habe Hunger und will endlich los zum Essen! Und wenn ihre Mutter noch einmal unangemeldet vor der Tür steht, dann bekommt sie Hausverbot.« »Wenn er noch einmal dieses scheußliche Unterhemd zu Hause anzieht, dann schmeiße ich es eigenhändig weg. Und den Strom, den er durch das nächtliche Licht im Flur verschwendet, kann er schön selber zahlen!« An den Situationen hat sich nichts geändert, nur an unserer Bewertung.

Genau das können wir auch bewusst nutzen, um die Verantwortung für unser Wohlergehen zu übernehmen. Wie das genau funktioniert, erkläre ich Ihnen mithilfe des folgenden Experiments:

»Der Würfel«

Bitte schauen Sie sich die folgende Zeichnung eines Würfels an.

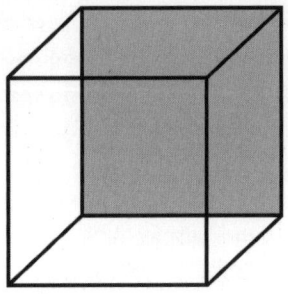

Wo befindet sich die graue Fläche? Auf der Vorderseite oder der Rückseite des Würfels? Egal, was Sie antworten, es ist beides richtig. Wenn Sie verschiedenen Menschen diese Zeichnung zeigen, dann wird ein Teil von ihnen die graue Fläche als Vorderfront sehen, der andere Teil wird dagegen überzeugt sein, dass die Rückseite grau ist. Jetzt, wo Sie wissen, dass beide Sichtweisen möglich sind, können Sie ganz bewusst dafür sorgen, dass der Würfel hin und her springt, sodass die graue Wand mal vorne und mal hinten ist. Als kleiner Tipp: Wenn Sie sich vorstellen, dass Sie schräg von unten in den Würfel hineinschauen, dann wirkt es so, als wäre er vorne grau. Tun Sie stattdessen so, als ob Ihr Blick schräg von oben auf den Würfel fällt, dann scheint es, als wäre das Graue hinten. Wenn Sie einmal den Trick raushaben, dann können Sie ganz frei steuern, wann Sie welche Variante sehen.

Woher kommt es, dass wir selbst entscheiden können, aus welcher Perspektive wir den Würfel wahrnehmen? Das Geheimnis ist, dass das Gebilde keinen Kontext hat, der Kubus schwebt im leeren Raum, und daher gibt es keine Referenzpunkte, aus denen unser Gehirn ableiten könnte, wie wir den Würfel »richtig« zu sehen haben. Daher haben wir die freie Wahl, wie wir ihn interpretieren. Sobald aber ein Kontext, eine Referenz, ins Spiel kommt, interpretieren unsere grauen Zellen aufgrund unserer Erfahrung, wie der Kubus zu sehen ist, damit er ins Bild passt. Hier unten sehen Sie denselben Würfel wie eben, diesmal nur ergänzt um einen Tisch.

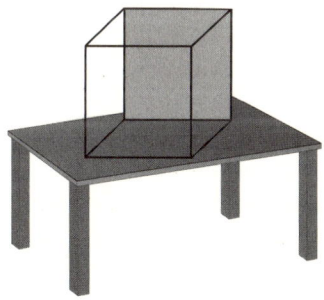

Jetzt wird es Ihnen nicht mehr so leicht gelingen, die graue Fläche hin und her springen zu lassen. Durch den Tisch als Kontext lässt unser Gehirn zunächst nur die Interpretation zu, dass die Rückwand grau ist, ansonsten würde es perspektivisch keinen Sinn ergeben.

Wenn Sie mögen, schauen Sie sich noch einmal die Variante ohne Tisch an. Hier können Sie wieder ganz frei wählen, wie Sie den Würfel sehen möchten.

Was hat nun diese optische Täuschung mit den Situationen in unserem Leben zu tun? Genauso wie der Tisch bei dem Würfel darüber entscheidet, wie wir ihn sehen, ist in unserem Leben der Kontext verantwortlich dafür, wie wir eine Situation bewerten. Und auf den Kontext, in den wir eine

Angelegenheit stellen, können wir Einfluss nehmen. Das heißt, selbst wenn wir die Umstände nicht ändern können, so haben wir doch immer die Chance zu entscheiden, wie wir mit einer Situation umgehen.

Angenommen Ihr Chef trägt eine zusätzliche Aufgabe an Sie heran. Sie sehen keine Chance, diese abzulehnen oder auf andere Weise zu umgehen. Jetzt liegt es ganz bei Ihnen, ob Sie sich selber die Situation noch schwerer machen, indem Sie so etwas denken wie: »Na klar, der hat mich auf dem Kieker und will mir durch Extraarbeit das Leben zur Hölle machen!« Oder ob Sie die Mehrarbeit aus der Perspektive sehen: »Wenn er mir eine zusätzliche Aufgabe gibt, dann scheint er zufrieden zu sein mit meiner Arbeit und vertraut mir, dass ich diese Sache auch gut erledige.«

Ein anderes Beispiel: Ein geliebtes Glas, vielleicht ein Familienerbstück, geht zu Bruch. Sie entscheiden selbst, ob Sie sich tagelang darüber ärgern oder ob Sie auch einen nützlichen Aspekt darin sehen können. Vielleicht, dass jetzt wieder mehr Platz im Schrank ist oder Sie endlich einen Grund haben, ein neues Glas zu kaufen.

Oder aber Sie stehen in einem Stau: Natürlich haben Sie keine Möglichkeit, diesen aufzulösen oder wegzuzaubern, und es besteht auch nicht die Chance, einfach abzuheben und davonzufliegen. Wie Sie mit diesem Umstand umgehen, entscheiden Sie jedoch ganz allein. Überlegen Sie einmal, wie Sie in solch einer Situation reagieren würden. Fühlen Sie sich als Opfer der Umstände oder machen Sie sich bewusst, dass es immer noch besser ist, im Stau zu stehen, als in den Unfall verwickelt zu sein, der Grund für den unliebsamen Stopp ist?

Sie alleine entscheiden darüber, ob Sie in diesen Situationen die Perspektive Ihres kleinen Jammerlappens einnehmen und sich ärgern, frustriert sind und sich dadurch selbst blockieren, oder ob Sie die Situation kaltlässt oder Ihnen sogar neue Energie gibt. Jeder von uns hat die Fähigkeit, den Kontext zu bestimmen, in den er eine Situation oder das Verhalten eines anderen Menschen stellt.

Wie extrem wirkungsvoll dieses sogenannte »kognitive Umstrukturieren« oder auch »Reframing« ist, zeigen Berichte von Menschen, die zu Unrecht in Gefangenschaft geraten sind und aus der schweren Zeit voller Entbehrungen nicht als gebrochene Persönlichkeiten hervorgegangen sind, sondern als gestärkte Menschen. Einzig und allein, weil sie durch ihre innere Haltung das Beste aus der Situation gemacht haben. Einige dieser Menschen sagten später, dass sie die Gefangenschaft genutzt hätten, um über das Leben und ihre Ziele nachzudenken, sodass sie nach ihrer Freilassung genau wussten, was sie zu tun hatten, um glücklich und zufrieden in Freiheit zu leben.

IIIIII Tool

»Reframing«

In der Bezeichnung »Reframing« steckt das Wort »Frame«, zu Deutsch »Rahmen«. Bei dieser Methode werden Umstände in einen anderen Rahmen gesetzt, der eine neue Perspektive ermöglicht, die nützlich ist oder zumindest weniger belastet.

Wenn Sie in eine Situation geraten, die Ihnen nicht gefällt und auf die Sie tatsächlich keinen Einfluss haben, dann stellen Sie sich Fragen der folgenden Art, um zu reframen:

> Welchen Nutzen könnte diese Situation für mich haben?

> Was könnte ich aus dieser Situation lernen?

> Was habe ich zu dieser Situation beigetragen?

> Welche positive Absicht hat der andere?

> Wie würde X *(eines Ihrer Vorbilder)* die Situation sehen?

Um mit dieser Methode vertrauter zu werden, sodass Sie diese in akuten Fällen schnell und leicht einsetzen können, möchte ich Ihnen einige Beispielsätze an die Hand geben. Es sind typische Gedanken, die uns im Kopf herumgehen, wenn wir das Gefühl haben, einer Situation ausgeliefert zu sein. Tragen Sie bitte jeweils unter den Sätzen ein Reframing ein, das heißt eine andere, nützliche Sicht auf die gleiche Situation. Ich gebe Ihnen zwei Beispiele:

»Wie ärgerlich, jetzt kommt Herr Meier schon wieder nicht pünktlich!«
    Reframe: »Wenn Herr Meier eh noch nicht da ist, kann ich die Zeit noch nutzen, um mir einen Kaffee zu holen/ein Telefonat zu führen/auf die Toilette zu gehen.«

»Das Verhalten von Frau X hat mich wütend gemacht!«
    Reframe: »Mir scheint Frau X wichtig zu sein, wenn ich ihr die Macht gebe, dass sie mich so in Rage bringen kann.«

Und jetzt sind Sie dran:

»Wieso kann der nicht einfach mal meiner Meinung sein?«
Reframe: _____

_____

»Wegen des Idioten vor mir musste ich jetzt bremsen!«
Reframe: _____

_____

»Wie kann Herr Fischedick nur verlangen, dass ich hier einfach so im Buch rumkritzele?«
Reframe: _____

_____

»Ausgerechnet an meinem freien Tag muss es regnen!«

Reframe: _____

_____

»Meine Mutter ist schon wieder so neugierig. Die ewige Frage-
rei nervt!«

Reframe: _____

_____

> »*Versagen ist eine Haltung, kein Ergebnis.*«
> Thomas Alva Edison (1847–1931)

Vielleicht denken Sie jetzt so was wie: »Aber das ist doch nur Schönfärberei. Es bringt nichts, alles durch die rosarote Brille zu sehen.« Auch das ist eine Perspektive. Sie haben eine Auswahl verschiedenster Brillen, durch die Sie die Welt sehen können. Es liegt in Ihrer Hand, ob Sie sich für das Modell »Schwarzseher«, »Schönfärber«, »Lichtblicker« oder ein anderes entscheiden.

Ein interessantes Beispiel dafür, dass ein Reframing sogar Milliarden wert sein kann, ist die folgende Begebenheit:
Im Jahr 1968 beschäftigte sich der Chemiker Spencer Silver mit der Entwicklung eines neuen Superklebers, der stärker haften sollte als alle bisherigen. Die vielversprechende Formel stellte sich jedoch als Flopp heraus. Zwar war der Kleber besonders, allerdings nicht besonders stark, sondern besonders schwach. Das Experiment wurde als Misserfolg verbucht, die Proben landeten im Archiv des Labors und gerieten in Vergessenheit. Erst einige Zeit später, genauer gesagt 1974, erinnerte sich Art Fry, ein Kollege des Entwicklers, an

den superschwachen Kleber. Er sang in seiner Freizeit in einem Kirchenchor und ärgerte sich darüber, dass ihm beim Umblättern immer wieder die Lesezeichen aus dem Gesangbuch rutschten. So kam er auf die Idee, die archivierten Proben des schwachen Klebstoffes aus dem Lager zu holen und ein wenig davon auf die Markierungszettel zu streichen, die er für sein Liederbuch nutzte. Sein Plan funktionierte! Der Kleber war einerseits stark genug, um die Lesezeichen am Platz zu halten, andererseits aber schwach genug, um die dünnen Gesangbuchseiten beim Herausnehmen der Zettel nicht zu zerreißen. Vielleicht haben Sie es schon geahnt: Dies war die Geburtsstunde der gelben Notizzettel, die auf der Rückseite zum Teil mit schwachem Klebstoff versehen sind – den Post-its. Heute werden alleine in Deutschland pro Jahr über 4,5 Millionen dieser Blöcke verkauft. Das weltweite Milliardengeschäft mit Post-its basiert einzig und alleine auf der Flexibilität, einen vermeintlichen Misserfolg aus einer anderen Perspektive zu sehen.

Welche Chancen eröffnen sich für Sie durch andere Perspektiven?

Die Fähigkeit, Dinge flexibel in einen anderen Kontext zu stellen, verschafft uns nicht nur mehr Handlungsspielraum, sondern kann uns auch zum Lachen bringen. Hier ein schöner Dialog aus einem Film der Reihe »Der rosarote Panther«:

Inspektor Clouseau betritt ein kleines Hotel. Vor der Rezeption liegt ein Hund.

Inspektor Clouseau: »Beißt Ihr Hund?«

Hotelangestellter: »Nein.«

Clouseau beugt sich zu dem Hund herunter und streichelt ihn.

Inspektor Clouseau: »Liebes Hundchen!«

Der Hund beißt ihn in die Hand.

Inspektor Clouseau: »Sie haben doch gesagt, dass Ihr Hund nicht beißt!?«

Hotelangestellter: »Das ist nicht mein Hund.«

»Phase 2 – Flexibilität trainieren« hat Ihnen das Wissen und die Methoden an die Hand gegeben, um Ihren Werkzeugkoffer aufzustocken und Ihren Handlungsspielraum zu erweitern, in Phase 3 der AUSGEJAMMERT!-Strategie zeige ich Ihnen nun, wie Sie den neu gewonnenen Spielraum am besten nutzen können.

AUSGEJAMMERT!-STRATEGIE PHASE 3

NEUEN SPIELRAUM NUTZEN

> Was unsere Sprache über unsere Selbstverantwortung erzählt

> Welchen Preis unser Glück hat

> Warum es gut ist, ein Egoist zu sein

> Was uns unsere Körpersprache über unsere Wünsche verrät

> Wie wir unser wahres Ziel bestimmen und auch erreichen

Glückwunsch, Sie sind nun bestens vorbereitet für die dritte Phase der AUSGEJAMMERT!-Strategie!

Durch die Erkenntnisse aus den ersten beiden Phasen sind Sie in der Lage, den hinderlichen Automatikmodus Ihres steinzeitlichen Gehirns zu deaktivieren, und haben durch die Erweiterung Ihrer Flexibilität Ihren Spielraum vergrößert. Jetzt geht es darum, dass Sie die neuen Fähigkeiten und Möglichkeiten einsetzen, um Ihre persönlichen Ziele zu erreichen. Auf dem Weg werden Ihnen immer wieder Widerstände begegnen, die manchmal von Ihrem eigenen kleinen Jammerlappen kommen und manchmal von den kleinen Jammerlappen Ihrer Mitmenschen. Sie erfahren hier, wie Sie mit solchem Widerstand umgehen können. Mit dem System »Der innere Kompass« gebe ich Ihnen dann eine Methode an die Hand, die Ihnen in einfachen, kleinen Schritten dazu verhilft, Ihre wirklichen Wünsche und Bedürfnisse zu erkennen und diese auf Ihre persönliche Art Schritt für Schritt zu erreichen. Damit sind Sie bestens gerüstet, um Ihr Leben wirklich komplett in die Hand zu nehmen.

Die M-Wörter

Bevor es losgeht auf dem Weg zu Ihrem persönlichen Herzensziel, noch ein Hinweis für eventuelle Rückfälle:

Bei allen guten Absichten und dem echten Willen, die volle Verantwortung für unser Leben zu übernehmen, kann es doch ab und zu geschehen, dass uns unbemerkt der kleine Jammerlappen dazwischenfunkt. Sie können ihn aber ganz leicht entlarven, indem Sie einfach mal genauer auf das achten, was Sie sagen oder gerade gesagt haben. Uns selbst öfter zuzuhören ist insofern sehr aufschlussreich, als unbedacht Ausgesprochenes so einiges über unsere unbewussten Gedanken offenbart. Dabei gibt es zwei Wörter, die ein Indiz dafür sind, dass wir in gewissen Situationen doch nicht die Verantwortung übernehmen für das, was wir tun. Ich nenne sie die »M-Wörter«, denn sie lauten »man« und »muss«.

Das Wort »man« steht grundsätzlich für etwas Allgemeingültiges. Also zum Beispiel: »In Italien isst man Spaghetti.« Da es sich bei dem Nudelgericht um ein italienisches Nationalgericht handelt, das von vielen Einheimischen und Touristen gegessen wird, ist diese verallgemeinernde Aussage richtig. Benutzen wir das Wort »man« aber in einem anderen Zusammenhang, wie zum Beispiel: »Diese Arbeit konnte man gar nicht schaffen!«, dann stehlen wir uns aus der Verantwortung. Wir geben vor, die Allgemeinheit sei an der Herausforderung gescheitert und es gäbe niemanden oder nur sehr wenige Menschen auf der Welt, die diese Arbeit hätten schaffen können. Die Verantwortung übernehmen wir dagegen, wenn wir sagen: »Diese Arbeit konnte ich nicht schaffen!« Wenn eine Prüfung oder eine Präsentation schlecht gelaufen ist, schummelt uns unser kleiner Jammerlappen jedoch gerne ein »man« in unsere Sätze, sodass wir in etwa folgende Entschuldigung hervorbringen: »Man wusste ja gar nicht, wie man sich vorbereiten sollte! Man hatte ja auch viel zu wenig Zeit.« Lief dagegen alles gut, dann übernehmen wir sehr gerne die Verantwortung und sagen: »Ich hatte mich ja auch gut vorbereitet! Ich hab die Zeit ausreichend genutzt.«

Bei dem zweiten M-Wort ist es ähnlich. Wie oft am Tag benutzen wir das Wort »müssen«? »Ich muss den Müll runterbringen!«, »Ich muss meine Mutter noch anrufen«, »Ich muss die Präsentation fertig machen«, »Ich muss abnehmen« usw. Wenn wir dieses Wort verwenden, dann tun wir so, als gäbe es eine höhere Macht, die uns befiehlt, was wir zu tun haben. Eine Macht, der wir uns nicht widersetzen können. Als Kinder »mussten« wir, das stimmt. Damals waren wir auf die Erwachsenen angewiesen, die Eltern waren die höhere Macht in unserem Leben und so mussten wir das Gemüse auf dem Teller essen, mussten die Zähne putzen, mussten die Hände waschen und mussten ins Bett. Wenn wir jetzt als Erwachsene noch meinen, dass wir irgendetwas müssen, dann mogeln wir uns aus der Verantwortung für unser Handeln und hoffen, dass wir von anderen bedauert werden, weil wir etwas »müssen«. Der Klassiker ist die folgende Situation: Wir sitzen abends mit Freunden in geselliger Runde zusammen. Irgendwann kommt der Moment, in dem jemand sagt, manchmal auch wir selbst: »Es tut mir leid, ich muss los. Ich muss morgen früh raus.« Und wenn es gut läuft, dann gibt es von den anderen ein mitleidiges »Oooohhh!«. Wären wir ganz ehrlich und selbstverantwortlich, dann würden wir Folgendes sagen oder zumindest denken: »Ich möchte jetzt gehen, damit ich noch ausreichend Schlaf bekomme. Dann bin ich morgen früh fit und kann meine Arbeit gut erledigen. Das ist mir wichtig, denn ich möchte einen guten Job machen und ihn behalten, damit ich weiter das Geld verdiene, das mir meinen jetzigen Lebensstandard finanziert.« Niemand zwingt uns, eine nette Gesellschaft zu einem bestimmten Zeitpunkt zu verlassen. Wir haben die freie Wahl, ob wir länger bleiben und dafür am nächsten Morgen todmüde sind und gar nicht erst zur Arbeit gehen, oder ob wir nach Hause gehen, weil uns die Arbeit wichtig ist. Wenn wir glauben, dass wir irgendetwas »müssen«, dann sind wir nur wieder mal nicht bereit, den Preis für eine unserer Entscheidungen zu zahlen.

Vielleicht denken Sie jetzt: »Was ist denn das für eine Wortklauberei? Man oder müssen, das benutzt man halt einfach so. Da ist doch nichts dahinter.« Leider doch, denn wenn wir uns etwas oft genug einreden, dann glauben wir es uns irgendwann. Wenn Sie sich oft genug sagen, dass Sie etwas nicht können, dann werden Sie unbewusst selbst dafür sorgen, dass Sie scheitern. Wenn Sie sich einreden, dass Sie etwas müssen, dann setzen Sie sich unbewusst selber Grenzen. Mein Tipp: Hören Sie sich bewusster zu und ersetzen Sie so oft wie möglich das Wort »man« durch »ich« und »müssen« durch »möchten« oder »wollen«. Wenn Sie das tun, werden Sie mit der Zeit immer deutlicher wahrnehmen, dass tatsächlich Sie selbst für Ihr Glück verantwortlich sind, und werden Ihren Spielraum zu Ihrem Vorteil nutzen.

Eine alte Volksweisheit bringt es gut auf den Punkt:
»Quält dich in tiefer Brust
das harte Wort du musst,
dann setze dafür stark und still
das stolze Wort ich will.«

Der Preis

Jetzt ist es so weit: Der Weg, auf dem Sie zu Ihren Zielen gelangen, ist frei! Vielleicht ahnen Sie es schon: Trotz guter Vorbereitung wird die Route etwas holprig und kurvenreich werden. Und Sie sollten bereit sein, den Preis für die Veränderung zu zahlen.

»Was für einen Preis?«, werden Sie vielleicht denken. Wir wollen oft etwas Neues, aber gleichzeitig das Alte nicht verlieren. Wir möchten eine sportliche Figur haben, futtern aber weiterhin abends vor dem Fernseher Schokolade. Wir wollen fremde Kulturen entdecken, ärgern uns aber, wenn es im Ausland kein deutsches Bier oder Schnitzel gibt. Wir wollten vielleicht immer Kinder haben, sind jetzt, wo sie da sind, aber genervt, dass wir weniger Zeit für uns haben als früher. Der Preis ist, dass Sie bereit sein sollten, das Alte, Bekannte loszulassen, um das Neue zu bekommen. Zu diesem Schritt gehört Mut, und nur wenn Sie bereit sind, diesen aufzubringen, werden Sie etwas in Ihrem Leben ändern können.

Gerade letzte Woche rief mich eine Dame an, die sich für ein Coaching interessierte. Am Telefon machte sie nur Andeutungen, worum es ging. Ein Beziehungsthema, das auch in den Beruf mit reinspiele. Sie sagte, dass sie immer wieder in die gleichen Muster verfalle und aus dem Teufelskreis raus wolle. Ohne Punkt und Komma erzählte sie mir, dass sie sich auch schon intensiv mit Coaching und Psychologie beschäftigt habe und schon bei verschiedenen Coaches gewesen sei, ihr aber keiner habe helfen können. Durch diese Vorkenntnisse sei ihr jetzt schon klar, dass ich es nicht leicht mit ihr haben würde. Sie fragte, wie ich arbeite, und war mit meinen Ansätzen einverstanden. Als ich jedoch zu dem Punkt kam, dass ein wichtiger Teil meiner Arbeit darin bestehe, alte Muster aufzulösen, die meine Klienten blockieren, sodass neue, nützlichere Verhaltensweisen entwickelt werden können, war plötzlich Stille am anderen Ende der Leitung. Dann sagte sie: »Herr Fischedick, ich habe auf einmal das Gefühl, als würde ich meine Absätze in den Boden bohren. Ganz so, als möchte ich mich nicht von der Stelle bewegen. Ich habe Sie voller Tatendrang angerufen und Sie sind mir sympathisch. Aber das, was Sie eben über Ihre Methoden erzählt haben, macht mir Angst, denn ich habe jetzt die Sorge, dass sich durch Ihr Coaching tatsächlich etwas bei mir verändern könnte, und ich bin mir nicht sicher, ob ich das wirklich will.«

Hut ab, ich finde es beeindruckend, wenn jemand so schnell erkennt, dass es für ihn anscheinend mehr Vorteile hat, doch bei den alten Verhaltensweisen zu bleiben und nichts zu ändern. Zumindest im Moment. Manchmal kommen solche Erkenntnisse auch erst während einer Coachingsitzung. Das ist dann für mich immer der Moment, in dem ich die Sitzung beende. Denn es bringt nichts, gegen einen solchen Widerstand »anzucoachen«, selbst wenn der Klient das gerne möchte, da er ja ursprünglich zu mir gekommen ist, um etwas zu ändern. Daher auch meine Empfehlung an Sie: Ändern Sie nur etwas an Ihrem Leben, wenn Sie das möchten und sich dazu bereit fühlen. Niemand anderes kann besser entscheiden, was gut für Sie ist, als Sie selbst. Und manchmal ist es vielleicht einfach noch nicht der richtige Zeitpunkt, um neue Wege zu gehen.

Wenn Sie sich jetzt noch nicht bereit fühlen, etwas zu verändern, obwohl Sie es vom Verstand her möchten, dann lassen Sie sich Zeit. Irgendwann wird der Moment kommen, wo Kopf und Herz das Gleiche möchten, und nur dann werden Sie mit voller Energie den erfolgreichen Wandel vollziehen. Also, lesen Sie nur weiter, wenn Sie jetzt schon bereit sind, Ihren Spielraum zu nutzen.

Werden Sie zum Egoisten!

Ich möchte diesen Abschnitt mit einer Geschichte beginnen:
Die Schwierigkeit, es allen recht zu machen
Ein Vater zog mit seinem Sohn und einem Esel in der Mittagsglut durch die staubigen Gassen von Keshan. Der Vater saß auf dem Esel, den der Junge führte. »Der arme Junge«, sagte da ein Vorübergehender. »Seine kurzen Beinchen versuchen mit dem Tempo des Esels Schritt zu halten. Wie kann man so faul auf dem Esel herumsitzen, wenn man sieht, dass das kleine Kind sich müde läuft.« Der Vater nahm sich dies zu Herzen, stieg hinter der nächsten Ecke ab und ließ den Jungen aufsitzen.

Gar nicht lange dauerte es, da erhob schon wieder ein Vorübergehender seine Stimme: »So eine Unverschämtheit! Sitzt doch der kleine Bengel wie ein Sultan auf dem Esel, während sein armer, alter Vater nebenherläuft.« Dies schmerzte den Jungen und er bat den Vater, sich hinter ihn auf den Esel zu setzen.

»Hat man so etwas schon gesehen?«, keifte eine schleierverhangene Frau. »Solche Tierquälerei! Dem armen Esel hängt der Rücken durch, und der alte und der junge Nichtsnutz ruhen sich auf ihm aus, als wäre er ein Diwan, die arme Kreatur!«

Die Gescholtenen schauten sich an und stiegen beide, ohne ein Wort zu sagen, vom Esel herunter. Kaum waren sie wenige Schritte neben dem Tier hergegangen, machte sich ein Fremder über sie lustig: »So dumm möchte ich nicht sein. Wozu führt ihr denn den Esel spazieren, wenn er nichts leistet, euch keinen Nutzen bringt und noch nicht einmal einen von euch trägt?«

Der Vater schob dem Esel eine Hand voll Stroh ins Maul und legte seine Hand auf die Schulter seines Sohnes. »Gleichgültig, was wir machen«, sagte er, »es findet sich doch jemand, der damit nicht einverstanden ist. Ich glaube, wir müssen selbst wissen, was wir für richtig halten.«

Dies ist ein altes orientalisches Gleichnis, das seit dem 13. Jahrhundert von Geschichtenerzählern weitergetragen wird. Es hat auch heute nichts von seiner Gültigkeit verloren. Wir versuchen tagtäglich, anderen zu gefallen und es ihnen recht zu machen, und bemerken dies oft gar nicht. Dabei gerät schnell in Vergessenheit, was wir selber wollen.

Welches sind Ihre eigenen Ziele? Wie sieht für Sie ein glückliches und zufriedenes Leben aus? Es werden Ihnen verschiedene Gedanken durch den Kopf gehen, die Sie zum Teil vielleicht schon länger beschäftigen. Aber welche davon spiegeln wirklich Ihre eigenen Bedürfnisse wider und welches sind Ziele, die Sie nur verfolgen, um es den anderen »recht zu machen«? Hier kommt wieder eine der steinzeitlichen Altlasten ins Spiel, mit denen wir uns selbst im Weg stehen. Diesmal ist es der schon zu Beginn erwähnte »Herdentrieb«. Vor 100 000 Jahren war es überlebenswichtig, sich anzupassen, mit dem Strom zu schwimmen, um nicht aus der Gemeinschaft verstoßen zu werden. Damals bedeutete Verbannung nicht nur Einsamkeit und Isolation, sondern auch den sicheren Tod. Niemand konnte in der Steinzeit lange alleine überleben. Auch heute noch ist der soziale Zusammenhalt wichtig. Unser Gehirn überprüft ständig, ob wir »in« oder »out« sind. Unbewusst suchen wir nach der Zustimmung anderer. Wenn wir andere Menschen miteinander tuscheln hören, während wir vorbeigehen, denken wir schnell, dass sie über uns sprechen. Auch passen wir uns oft an, um so zu sein, wie die anderen uns wollen. Schließlich wollen wir dazugehören. Bloß nicht auffallen, sondern lieber auf Nummer sicher gehen! Durch den unbewussten Drang, uns anzupassen, geraten unsere eigenen Ziele und Wünsche in den Hintergrund und wir verlieren uns selbst. Deshalb ist meine Empfehlung: Werden Sie egoistischer!

Vielleicht stellen sich jetzt bei Ihnen die Nackenhaare auf. Wer will schon ein Egoist sein? Wenn Sie dabei das Bild eines selbstgefälligen Menschen im Kopf haben, der ohne Rücksicht auf Verluste nur auf seinen eigenen Vorteil aus ist, dann ist es nicht das, was ich Ihnen ans Herz legen möchte. Mir geht es vielmehr darum, dass Sie sich folgende Tatsache bewusst machen: Sie werden niemals wirklich glücklich werden, wenn Sie glauben, dass Ihr eigenes Glück davon abhängt, ob die Menschen um Sie herum zufrieden sind. Wenn Sie erst dann an sich selbst denken, sobald Sie die Wünsche Ihrer Mitmenschen erfüllt haben, so berauben Sie sich Ihres eigenen Wohls. Zudem ist Ihr Egoismus von Vorteil für die Menschen, mit denen Sie Ihr Leben teilen. Das hört sich möglicherweise im ersten Moment paradox an. Warum sollten andere etwas davon haben, wenn Sie egoistisch sind?

Wenn Sie schon einmal geflogen sind, dann kennen Sie

sicher die folgende Lautsprecherdurchsage: »Sollte der Druck in der Kabine sinken, fallen automatisch Sauerstoffmasken aus der Kabinendecke. In diesem Fall ziehen Sie eine der Masken ganz zu sich heran und drücken Sie die Öffnung fest auf Mund und Nase. Erst danach helfen Sie mitreisenden Kindern oder hilfsbedürftigen Erwachsenen.« Auch hier könnte man denken, dass man doch zuerst Kindern und Mitreisenden helfen sollte, bevor man an sich selbst denkt. Würden wir jedoch im Falle eines Druckverlustes so handeln, dann wären wir ohnmächtig, bevor wir den anderen die Masken aufgesetzt hätten. Versorgen wir uns dagegen zuerst selbst mit dem nötigen Sauerstoff, dann bringen wir uns in eine stärkere Position, die uns ermöglicht, mehrere Mitreisende zu unterstützen, selbst wenn diese in der Zwischenzeit ohnmächtig geworden sein sollten.

Ein anderes Beispiel: Stellen Sie sich vor, Sie wären Arzt und Ihr Ziel wäre es, so vielen Menschen wie möglich zu helfen. Wenn Sie nun von morgens bis abends Höchstleistungen bringen und auch am Wochenende arbeiten, werden Sie sich schon bald so sehr verausgabt haben, dass Sie gar nicht mehr arbeiten können, da Sie selber krank sind. Sorgen Sie dagegen für Ihr eigenes Wohlergehen und gönnen sich Auszeiten, dann werden Sie auf Dauer mehr Menschen helfen können.

Nutzen auch Sie Ihren Spielraum, damit es Ihnen gut geht, und erlauben Sie sich, ein Egoist zu sein!

Die Komfortzone der anderen

Wenn wir unseren Spielraum nutzen und uns verändern, hat das immer auch einen Einfluss auf unsere Umwelt. Wir sind ein Teil verschiedener Systeme, wie etwa unserer Familie, des Kollegenkreises, der Sportmannschaft, der Konzertbesucher, der Schlange an der Supermarktkasse usw. Sobald wir etwas tun, hat das eine Auswirkung auf die anderen Menschen in demselben System. Stehen wir zum Beispiel an der Kasse brav in der Reihe, so wie »es sich gehört«, dann hat das eine andere Folge, als würden wir uns vordrängen. Denn damit würden wir provozieren, dass unsere Mitmenschen sich beschweren und verlangen, dass wir uns gefälligst wieder hinten anstellen und im wahrsten Sinne des Wortes nicht aus der Reihe tanzen.

Auch wenn wir die Verantwortung für unser Leben übernehmen, selbst entscheiden, was gut für uns ist, und entsprechend anders handeln, werden sich unsere Mitmenschen einschalten. Ein Freund von mir hat dies am eigenen Leib erlebt: So hat er als Schüler entschieden, Vegetarier zu werden, da er überzeugt ist, dass zu viele Tiere leiden müssen, die bei uns auf dem Teller landen. Seine Familie und seine Freunde hätten seine Entscheidung respektieren können, beziehungsweise sie hätten sogar die Möglichkeit gehabt, es ihm gleichzutun oder sich wenigstens ein eigenes Bild zu machen. Aber die Mutter beschwerte sich nur, dass sie jetzt beim Kochen immer eine zusätzliche fleischlose Variante auf den Tisch bringen müsse, und der Vater polterte, dass sich der Sohn ja nur in den Mittelpunkt spielen wolle. Seine Freunde waren enttäuscht und fanden es total »uncool«, wenn er in einem Fast-Food-Restaurant im Salat stocherte, während sie sich einen Hamburger schmecken ließen. Mein Kumpel hielt diesem Druck von außen nicht lange stand und kehrte zur Ernährung mit Fleisch zurück. Diese Entscheidung wurde von Familie und Freunden begrüßt, endlich war er wieder »normal«. Erst als er nach dem Abitur zu Hause auszog, gelang es ihm, seinen Wunsch nach vegetarischer Ernährung nachhaltig umzusetzen.

Wenn wir unser Leben ändern möchten, müssen wir also nicht nur mit den Widerständen in uns selbst klarkommen, sondern auch mit denen aus unserem Umfeld. »Schuster, bleib bei deinen Leisten!«, »Greif nicht nach den Sternen, du kannst nur enttäuscht werden« oder »Was sollen denn die Nachbarn denken?« sind gut gemeinte Ratschläge. Dahinter versteckt sich die unbewusste Unflexibilität unserer Mitmenschen. Sie möchten, dass wir so bleiben, wie wir sind, damit auch sie sich nicht ändern müssen.

Auf Ihrem Weg zu einem selbstbestimmten Leben werden Sie immer wieder die Ambivalenz verspüren zwischen dem Drang, sich selbst zu verwirklichen, und dem Wunsch, »dazuzugehören«, indem Sie es anderen recht machen. In den seltensten Fällen werden Sie beides zur gleichen Zeit erreichen. Stellen Sie sich vor, Sie haben sich seit Langem mal wieder zum Tanzen verabredet und freuen sich schon die ganze Woche darauf, auszugehen und sich den Stress aus dem Leib zu zappeln. Sie sind schon spät dran und kurz bevor Sie das Haus verlassen, klingelt das Telefon. Ein guter Freund ist dran. Ihm geht es schlecht, er hat sich über seine Frau oder den Chef und die Kollegen geärgert, Kopfschmerzen hat er auch noch. Er braucht Sie jetzt. Was tun Sie? Gehen Sie trotzdem tanzen, oder telefonieren Sie die nächsten Stunden mit Ihrem Freund, fahren vielleicht sogar zu ihm? Entscheiden Sie sich in dieser Situation für den Abend im Club und geben Ihrem Drang nach, sich selbst zu verwirklichen, haben

Sie wahrscheinlich ein schlechtes Gewissen Ihrem Freund gegenüber. Gehen Sie dagegen auf den Wunsch des Freundes ein, dann tun Sie zwar, was sich für einen guten Kameraden gehört, stellen jedoch mit dem Verzicht auf den Tanzabend Ihren Wunsch nach Selbstverwirklichung zurück. Oftmals wünschen wir uns dann, dass der oder die andere uns die »Erlaubnis« gibt, unseren Weg gehen zu dürfen. Das würde es uns viel einfacher machen. Aber selbst wenn der oder die andere uns frei gibt, so haben wir doch ein schlechtes Gewissen. Warten Sie nicht darauf, dass die anderen Ihnen die Erlaubnis zur Erfüllung Ihrer Wünsche und Ziele geben. Nehmen Sie sich selbst das Recht, glücklich zu sein!

Eine meiner Klientinnen steckte in einem ähnlichen Dilemma. Die Gesundheit ihrer Mutter verschlechterte sich zusehends, ihr Vater war bereits gestorben. Jetzt stand die Entscheidung an, ob die alte Dame in einem Seniorenheim untergebracht werden oder ob meine Klientin sie zu sich nehmen sollte. In jungen Jahren hatte ihre Mutter ihr das Versprechen abgerungen, dass sie sich im Alter um sie kümmern und sie bei sich zu Hause pflegen würde, sollte das nötig werden. Meine Klientin fühlte sich nun verpflichtet, dieses Versprechen auch einzuhalten. Dies würde jedoch in der aktuellen Situation bedeuten, dass ihre Zeit für ihren Mann und ihre Kinder stark eingeschränkt sein würde und sie die für sie so wichtige nebenberufliche Fortbildung, die sie plante, nicht würde realisieren können. Für die Pflegeeinrichtung sprach dagegen, dass ihre Mutter dort gut versorgt wäre und meine Klientin Zeit für ihre Familie und die Weiterbildung hätte. Meine Klientin sah einfach keine Lösung, die sie wirklich glücklich machte. Sollte sie sich selbst verwirklichen oder es besser ihrer Mutter recht machen? Im Coaching eröffnete ich ihr unter anderem die soeben genannten positiven Aspekte des Egoismus. Meine Klientin dachte darüber nach und auf einmal war die Entscheidung für sie klar. Sie würde ihre Mutter im besten Seniorenheim der Gegend unterbringen und ihre Fortbildung antreten. Ihr war deutlich geworden, dass sowohl sie als auch ihre Mutter etwas von dieser Lösung haben würden. Denn wenn sie sich selbst verwirklichte, indem sie für ihre eigene Familie da war und sich fortbilden konnte, dann wäre sie wesentlich ausgeglichener. Und so würde die Zeit, die sie bei regelmäßigen Besuchen im Heim mit ihrer Mutter verbringen würde, für beide zur echten Qualitätszeit werden und nicht zu einer tagtäglichen Pflichtveranstaltung voller Unzufriedenheit. Meine Klientin wollte nicht später auf ihr Leben zurückschauen und ihrer Mutter die Schuld daran geben, dass sie nicht das Leben geführt hatte, das sie sich gewünscht hatte. Durch diese Entscheidung hat sie die Verantwortung für ihr eigenes Glück übernommen und auch den entsprechenden Preis dafür gezahlt, dass nämlich ihre Mutter zu Beginn von dieser Entscheidung nicht begeistert war.

Hallo Glückssucher,

warum wollen Sie sich das Leben denn schwerer als
nötig machen? Ich sage Ihnen: Passen Sie sich ruhig
weiterhin den anderen an! Machen Sie einfach das,
was Ihre Mitmenschen sagen, denn dann schlagen Sie
gleich zwei Fliegen mit einer Klappe: Zum einen können Sie schön die Verantwortung für Ihr Wohlergehen
abgeben und zum anderen haben Sie auch gleich einen
Schuldigen, wenn es mal nicht so gut läuft oder Sie
unglücklich sind. Und in diesem Zusammenhang kann
man das Wort »muss« gar nicht oft genug benutzen.
Man muss ja tun, was die Gesellschaft von einem erwartet. Man muss seine eigenen Bedürfnisse zurück-
stellen. Man muss es den anderen recht machen.
Damit Sie es ganz leicht haben mit dem Anpassen, teile
ich mein Geheimwissen mit Ihnen. Sie müssen mir
aber versprechen, dass Sie es für sich behalten und nur
in meinem Sinne anwenden. Also, sich schnell und
unkompliziert anzupassen geht in drei einfachen
Schritten:

1. Suchen Sie sich eine Person oder Gruppe aus.
2. Analysieren Sie die Vorlieben und die Persönlichkeiten dieser Menschen.

3. Passen Sie Ihr Verhalten der Person oder Gruppe entsprechend an.

Wichtig ist, dass Sie Ihre persönlichen Bedürfnisse dabei komplett hintanstellen. Nutzen Sie in keinem Fall Ihre Möglichkeiten! Vergessen Sie, was Sie bis gestern noch gerne gemacht haben oder gerne machen würden. Übernehmen Sie einfach alles, was die anderen sagen und tun, stimmen Sie allem zu und Sie werden eine Welle der Liebe und Geborgenheit spüren. Sollten Sie bemerken, dass andere aus der Reihe tanzen und sich nicht an die Gruppe anpassen, zu der Sie gehören, dann sind das ganz schlimme, egoistische Personen. Halten Sie sich von diesen Individualisten fern. Die Devise lautet: »Wer nicht für uns ist, ist gegen uns!«

Und jetzt machen Sie es so wie jeder normale Mensch: Legen Sie endlich dieses Buch weg! Und halten Sie sich auch sonst von diesem Herrn Fischedick fern!

Jammerlappen

Die Vorteile, du selbst zu sein

Um den steinzeitlichen Jammerlappen zu überzeugen, dass es heutzutage mehr Vorteile hat, zu den eigenen Interessen und Bedürfnissen zu stehen und die vorhandenen Spielräume zu nutzen, statt sich anzupassen, braucht es anscheinend noch weitere Argumente. Hier sind sie:

Sie steigern Ihr Selbstbewusstsein

Unter einem »selbstbewussten Menschen« stellen wir uns meist den toughen Karrieremann und die »starke« Frau vor, die alle Aufmerksamkeit auf sich ziehen und mitten im Leben stehen. Dabei sind das aber oft auch nur aufgesetzte Rollen, die diese Menschen spielen, um in der Gruppe anerkannt zu werden. Wirklich selbstbewusst sind Sie, wenn Sie Ihre Werte, Stärken und Schwächen kennen und leben. Eine empathische, leise Führungskraft, die einen Rollkragenpullover trägt, kann selbstbewusster sein als ein selbstherrlicher, lauter Boss im Designeranzug.

Sie werden unverletzbarer

Je mehr Sie sich verstellen und Ihre wahren Gedanken und Bedürfnisse verstecken, umso verletzbarer werden Sie. Ständig leben Sie in der Angst, dass man hinter Ihre Geheimnisse, Ihr »wahres Ich« kommen könnte. Wenn Sie dagegen zu sich stehen und das, was Sie denken und fühlen, aussprechen und leben, werden Sie um einiges unverletzbarer. Denn das, was schon offenliegt, kann nicht mehr von anderen enthüllt werden.

Sie fühlen sich entspannter

Zu Beginn wird es Sie wahrscheinlich anstrengen, Ihrem Herzen zu folgen und nicht dem, was angeblich von Ihnen erwartet wird. Mit der Zeit werden Sie dann immer entspannter, da Sie keine Energie mehr dadurch verschwenden, Ihr Innerstes zu verstecken, oder herauszufinden versuchen, was die anderen über Sie denken.

Sie werden mehr Vertrauen gewinnen

Wenn Sie sich verstellen, um zu gefallen oder nicht aufzufallen, spüren das Ihre Mitmenschen. Sie sind nicht authentisch und das schürt Misstrauen. Je ehrlicher und offener Sie sind, umso mehr vertraut Ihnen auch Ihr Umfeld.

Sie können besser zuhören

Wenn Sie sich anpassen, sind Sie ständig damit beschäftigt, Ihre Gedanken zu filtern, um nur das auszusprechen, was anscheinend von den anderen erwünscht ist oder als »normal« angesehen wird. Dadurch hören Sie Ihren Mitmenschen nicht richtig zu. Sobald Sie mit sich im Reinen sind, können Sie Ihre Aufmerksamkeit voll und ganz Ihrem Gegenüber widmen. Diese gesteigerte Form der gelebten Wertschätzung wird Ihr Umfeld bemerken und Sie dafür schätzen.

Der größte Vorteil, wir selbst zu sein, ist aber die Freiheit, die wir gewinnen. Die Freiheit, ohne selbst auferlegte Begrenzungen zu leben. Denn in der heutigen Welt sind es meist wir selbst, die uns die Freiheit nehmen. Oftmals wissen wir gar nicht mehr, wer wir wirklich sind und was wir wollen. Von klein auf haben wir gelernt, uns anzupassen, haben unsere Bedürfnisse zurückgestellt, oder sogar verdrängt. Mit der Zeit ist uns das so gut gelungen, dass wir uns gar nicht mehr an das erinnern, was wir wirklich wollen.

Was willst du wirklich?

Letztes Frühjahr kam eine Klientin mit einer Essstörung zu mir. Geben wir ihr aus Datenschutzgründen den Namen Petra. Petra ist Mitte zwanzig und steht kurz vor dem Abschluss ihrer Ausbildung zur Heilpädagogin. Sie ist dick angezogen, zu dick für die Jahreszeit, und hat ein großes Tuch um den Hals gewickelt. Hinter der Kleidung versteckt sie ihren extrem dünnen Körper. Seit ihrem sechzehnten Lebensjahr leidet sie an Magersucht. Petra zählt die Kalorien, treibt exzessiv Sport und Essenseinladungen kommt sie nur nach, wenn sie davor Zeit hat, ein paar Tage zu hungern. Sie war schon bei verschiedenen Therapeuten, hat Bücher zum Thema gelesen, ist aber bisher nicht gegen ihre Magersucht angekommen. Dabei ist ihr selbst vollkommen klar, woher ihre Essstörung kommt: Als sie sehr klein war, hat ihr Vater sich von der Mutter getrennt. Die Eltern kamen zwischenzeitlich wieder zusammen, ließen sich dann jedoch scheiden, als Petra dreizehn Jahre alt war. Drei Jahre später starb ihr älterer Bruder bei einem Unfall. Psychologen haben ihr erklärt, dass die Magersucht ein unbewusster Versuch ist, Kontrolle über das eigene Leben zu erlangen. Für Petra ergibt das durchaus Sinn, denn durch die traurigen Erlebnisse in ihrer Kindheit hat sie das Gefühl, dem Schicksal hilflos ausgeliefert zu sein. Auf der unbewussten Suche nach einem Bereich ihres Lebens, den sie unter Kontrolle hat, landete sie bei ihrem Körper. Durch die bewusste Einschränkung ihrer Nahrungszufuhr hat sie zumindest Kontrolle über ihr Gewicht – allerdings mit gesundheitsgefährdenden Nebenwirkungen. Über Jahre praktiziert kann solch ein gestörtes Essverhalten zu Organschäden oder sogar Organversagen mit Todesfolge führen. Petra ist auf der einen Seite klar, dass ihre Magersucht keine wirkliche Lösung für das Gefühl der mangelnden Kontrolle im Leben sein kann, auf der anderen Seite hat sie aber noch keine Alternative gefunden, ihr Leben wieder in den Griff zu bekommen.

Schon in der ersten unserer fünf Sitzungen entdeckte Petra dann, was das eigentliche Problem war: Sie hatte sich ihr Leben lang angepasst, um geliebt zu werden, und dabei unbewusst auch viele Ziele verfolgt, die gar nicht die ihren waren. Hätte ihr jemand vor unseren Coachings die Frage gestellt: »Wie sieht für dich deine perfekte Zukunft aus?«, so hätte sie voller Überzeugung geantwortet, dass sie nach Abschluss ihrer Ausbildung zur Heilpädagogin ihren Freund heiraten und eine Familie gründen möchte. Ein eigenes Häuschen auf dem Land würde für sie das Glück perfekt machen. Am Ende der ersten Sitzung gewinnt sie jedoch die Erkenntnis, dass sie im tiefsten Herzen ein ganz anderes Bild einer guten Zukunft hat. Auf ihrem inneren Bild, das immer klarer wird, sieht sie sich inmitten einer illustren Gesellschaft in einer Taverne. Es ist Musik zu hören, sie kennt niemanden um sich herum. Es wird getrunken, gegessen, getanzt und gelacht. Auch wenn sie die Sprache der anderen nicht versteht – es scheint Portugiesisch oder Spanisch zu sein –, fühlt sie sich pudelwohl und feiert mit. Zu diesem Zeitpunkt weiß sie die Phantasie noch nicht zu deuten, trotzdem erweckt diese in ihr das erste Mal seit langer Zeit wieder ein Gefühl der Zufriedenheit. In der nächsten Sitzung berichtet Petra mir, dass sich bei ihrem Essverhalten kurzzeitig etwas verbessert habe, sie aber schnell wieder in das alte Muster verfallen sei. Trotzdem hat sie das Gefühl, dass etwas Neues begonnen hat, es fühlt sich für sie so an, als hätte sie ihren Koffer gepackt, um aufzubrechen. Wohin die Reise geht, ist ihr noch nicht klar. Im Verlaufe der folgenden Sitzungen arbeiten wir daran, dass ihr inneres Bild immer deutlicher wird und sie Ideen entwickelt, wie sie es Realität werden lassen kann. Ihr wird nach und nach klar, dass das Leben auf dem Land mit Mann, Kindern und Haus nicht das ist, was sie will. Sie will vielmehr etwas erleben, feiern, das Leben genießen.

Diese Erkenntnisse setzt sie dann in die Tat um. Sie trennt sich von ihrem Freund, zieht vom Vorort in die Stadt, geht seit Langem wieder aus, kann sogar das Essen genießen. Nach einer längeren Pause kommt Petra zu einer letzten Sitzung. Sie sieht gesund aus, hat keinen Schal mehr um den Hals, keine dicke Kleidung mehr an, hinter der sie ihren Körper versteckt. Sie berichtet, dass sie acht Kilo zugenommen hat. Es ist noch ungewohnt für sie, Spaß am Essen zu haben und ihr aktuelles Gewicht zuzulassen. Und sie ist überrascht, dass ihre Verwandlung einfach so geschehen ist, ohne Anstrengung. Ihr Körper scheint ihr zu bestätigen, dass sie jetzt auf dem für sie richtigen Weg ist.

Der Fall von Petra zeigt, wie ich finde, sehr deutlich, wie sehr wir uns sogar selbst schaden können, wenn wir es immer nur den anderen oder der Gesellschaft recht machen aus Sorge, ansonsten ausgegrenzt zu werden.

Bronnie Ware, eine australische Palliativkrankenschwester, befragte ihre Patienten in ihren letzten Lebenstagen dazu, was diese rückblickend in ihrem Leben gern anders gemacht hätten. Überraschenderweise bekam Ware die immer wieder gleichen Antworten. Am häufigsten sagten die Sterbenden: »Ich wünschte, ich hätte den Mut gehabt, mein eigenes Leben zu leben und mich nicht von den Erwartungen anderer leiten zu lassen.« Erst im Rückblick wurde vielen deutlich, dass sie einen Großteil ihrer Träume nicht gelebt hatten, einzig und allein, weil sie sich nicht dafür entschieden hatten. Mit solchen Kopfentscheidungen tun wir uns jedoch selbst oft nichts Gutes. Wir bilden uns ein, dass unsere Ratio, unser Verstand, das wichtigste Instrument sei, um unser Leben zu meistern. »Du musst nur wollen!«, reden wir uns ein. Doch Willenskraft allein führt uns nicht auf den Weg zu einem glücklichen Leben. Wir sollten uns viel stärker auf unsere Gefühle verlassen.

||||||||||||Experiment

»Was macht mich aus?«

Dieses kleine Experiment soll Ihnen eine Idee geben, was es ist, das uns Menschen wirklich ausmacht.

1. Bitte stellen oder setzen Sie sich aufrecht hin.

2. Strecken Sie Ihren Arm nach vorne und zeigen Sie auf einen Gegenstand oder eine Wand, ein Fenster oder eine Tür in Ihrem Blickfeld.

3. Zeigen Sie auf sich selbst.

4. Nehmen Sie bewusst wahr, wohin Ihr Finger jetzt genau zeigt.

Und, wohin zeigt Ihr Finger? Ist es Ihr Kopf oder der Bereich Ihres Brustkorbes, in dem Ihr Herz schlägt? Ich gehe davon aus, dass es das Letztere ist. Für mich ist das ein Zeichen dafür, dass wir intuitiv sehr wohl wissen, was uns ausmacht: Es ist unser Herz, nicht unser Kopf. Oder mit anderen Worten, nicht unser Bewusstsein und Verstand wissen, was uns guttut, sondern unser Unterbewusstsein und unsere Gefühlsebene.

Leider fehlt uns häufig der Zugang zum eigenen Herzen, in dem unsere innersten Wünsche und Bedürfnisse verborgen liegen. Ich erlebe oft, dass Klienten ganz genau wissen, was sie nicht mehr wollen: nämlich ihr jetziges Leben. Aber wie soll es stattdessen aussehen? Auf diese Frage herrschen Ratlosigkeit und Schweigen. Durch die Gewohnheit, uns anzupassen, sind wir so kopfgesteuert, dass wir uns bei der Verwirklichung unserer Träume und Wünsche selbst im Weg stehen. Ich bin überzeugt, dass wir alle tief im Inneren genau wissen, was wir möchten, nur sorgt der steinzeitliche Jammerlappen dafür, dass wir es verdrängen, um uns anzupassen und aus Angst, sonst zu scheitern. Dabei haben wir die Möglichkeit zu wachsen, wenn wir ein Ziel aus vollem Herzen verfolgen. Dieses Ziel gibt uns eine sinnvolle Richtung, in die wir unsere gesamte Energie wenden können, sodass wir auch scheinbar Unmögliches möglich machen können. Machen wir uns unsere Ziele jedoch nicht bewusst, dann verpufft unsere Kraft.

Der amerikanische Präsident John F. Kennedy hatte die große Vision, dass Amerika als erste Nation der Welt eine bemannte Mondlandung verwirklichen würde. Im voll besetzten Stadion der Rice University in Houston machte er am 12. September 1962 seine Vision deutlich. Eine Passage dieser historischen Rede lautet: »Wir haben uns entschlossen, zum Mond zu fliegen. Wir haben uns entschlossen, in diesem Jahrzehnt auf den Mond zu kommen, nicht weil es leicht wäre, sondern gerade weil es schwer ist, weil diese Aufgabe uns helfen wird, unsere besten Energien und Fähigkeiten einzusetzen und zu erproben, weil wir bereit sind, diese Herausforderung anzunehmen und sie nicht widerwillig aufschieben werden, und weil wir beabsichtigen zu gewinnen.« Dass es möglich war, dieses unrealistisch wirkende Ziel zu erreichen, zeigte sich am 20. Juli 1969, als Neil Armstrong als erster Mensch einen Fuß auf den Mond setzte.

Alle erfolgreichen Menschen unserer Zeit hatten und haben etwas mit John F. Kennedy gemeinsam: eine große Vision, die ihrer innersten Überzeugung entspricht.

Steve Jobs zum Beispiel hatte schon 1983 eine klare Vorstellung davon, wie der Computer der nahen Zukunft aussehen sollte. Er sollte die Größe eines Buches haben, sodass man ihn überall mit hinnehmen, und neben einer Spracherkennung auch über eine Funkverbindung verfügen, sodass man unterwegs elektronische Briefe abrufen konnte. Schon damals hatte Jobs die Vision, dass »die Menschen später mehr Zeit mit dem Computer verbringen werden als mit ihrem Auto«. Heute, 30 Jahre später, ist seine Prognose tatsächlich eingetreten, und er hat mit seinem Konzern »Apple« wesentlich dazu beigetragen. Laptops machen es uns möglich, unser Arbeitsgerät jederzeit bei uns zu haben, die Siri-Software gehorcht uns aufs Wort und elektronische Briefe sind inzwischen in vielen Varianten eine Selbstverständlichkeit, sei es als SMS, iMessage, WhatsApp-Nachricht oder als E-Mail.

Was ist Ihre Vision? Wofür brennen Sie? Was ist Ihr großer Traum, zu dem Sie sich bekennen? Studien haben gezeigt, dass viele von uns es dem Zufall oder den äußeren Einflüssen überlassen, wohin ihr Weg sie führt. Und dann wundern wir uns, warum wir unzufrieden sind.

In den nächsten Abschnitten zeige ich Ihnen zwei Methoden, die Ihnen helfen zu erkennen, was Sie wirklich bewegt. Damit geben Sie Ihrem Leben eine Richtung, in der Sie Ihr volles Potenzial nutzen können.

Was uns unser Körper verrät

In den letzten Jahren standen häufig Bücher in den Bestsellerlisten ganz oben, in denen es darum ging, wie man Gedanken lesen kann. Unser Jammerlappen springt auf solch ein Versprechen direkt an, denn das Wissen um die Gedanken von Freunden, Kollegen oder Geschäftspartnern könnte uns schließlich vor möglichen Gefahren schützen. Am attraktivsten erscheinen solche Bücher unserem steinzeitlichen Gehirn, wenn sie nicht von Psychologen geschrieben wurden, sondern von ehemaligen FBI-Agenten, Geheimdienstlern oder Gedankenlesern. Denn die müssen ja am besten wissen, wie man seine Mitmenschen durchschaut. Besonders beliebt sind deshalb Bücher über Körpersprache. Wir erhoffen uns, darin wie in einem Wörterbuch die exakte Bedeutung jeder Mimik und Gestik nachschlagen zu können. Herr Müller runzelt die Stirn und hat die Arme verschränkt. Was sagt das Körpersprachebuch? Verschränkte Arme stehen für Abwehr, eine gerunzelte Stirn bedeutet Zweifel oder Sorge. Es ist also eindeutig, der Müller mag uns nicht, oder zumindest ist er nicht einverstanden mit dem, was wir gerade gesagt haben.

So leicht geht es dann leider oder, besser gesagt, zum Glück doch nicht. Das Verschränken der Arme kann viele verschiedene Ursachen haben: Es kann tatsächlich Abwehr bedeuten, manchmal ist diese Körperhaltung aber auch einfach bequem, sie wärmt oder unser Gegenüber will einen Fleck verstecken, den er auf dem Hemd hat. In meinen Seminaren haben mir Frauen verraten, dass sie manchmal die Arme verschränken, um ihren Busen zu verstecken, wenn die Männer allzu sehr darauf starren, oder sie stützen so ihre Brüste etwas ab, wenn sie Rückenschmerzen haben. Wenn wir also versuchen, die Körpersprache eines anderen zu deuten, dann liegen wir oft daneben.

Ganz anders ist das bei uns selbst. Unsere eigene Körpersprache verrät uns nämlich jede Menge darüber, was tatsächlich in uns vorgeht, auch wenn es uns gar nicht bewusst ist. Sie hilft uns zu verstehen, ob wir gerade unsere eigenen Ziele verfolgen, oder ob wir versuchen, äußeren Ansprüchen zu genügen.

Wenn wir kommunizieren, dann tun wir das immer auf zwei Ebenen: der verbalen und der nonverbalen. Mit der verbalen Kommunikation sind die geschriebenen oder gesprochenen Wörter gemeint, die wir benutzen, um uns miteinander zu verständigen. Diese Sprache ist logisch, abstrakt und dient in erster Linie dazu, Informationen sachlich zu vermitteln. Auf dieser Ebene geht es nicht um Gefühle oder Bewertungen. Die nonverbale Ebene bezieht sich auf Emotionen, Wertungen und die zwischenmenschliche Beziehung. Nonverbal kommunizieren wir über Mimik, Gestik, Tonfall usw.

Auf die verbale Ebene haben wir den größten Einfluss. Wir sind in der Lage, uns bewusst zu überlegen, was wir sagen. Wenn wir wollen, können wir uns sogar von Experten eine Rede schreiben lassen, die genau das ausdrückt, was wir rüberbringen möchten. Damit können wir andere und auch uns selbst täuschen, wir können uns und unserer Umwelt Dinge einreden, die wir vorgeblich als Ziel haben. Anders ist das mit der nonverbalen Ebene. Hierüber drücken wir unsere Gefühle und Gedanken eher unbewusst aus, auf sie haben wir einen geringeren Einfluss. In der natürlichen Kommunikation wird die nonverbale Botschaft immer einen Hauch vor der verbalen übermittelt. Das liegt daran, dass die nonverbale Kommunikation evolutionär wesentlich älter ist und daher vor allem von den primitiveren, schnelleren Hirnregionen gesteuert wird. Der Prozess einer natürlichen Kommunikation sieht so aus:

Unser Körper drückt ganz automatisch das aus, was wirklich in uns vorgeht, bevor wir uns verbal äußern oder die Kontrolle über unsere Mimik und Gestik übernommen haben. Im ersten Moment blitzt immer kurz das auf, was wir im tiefsten Inneren fühlen. Sie haben das vielleicht auch schon erlebt: Ihnen begegnet auf der Straße ein Bekannter, mit dem Sie sich nicht so gut verstehen. Als er Sie sieht, drückt sein Gesicht aus: »Der/Die hat mir gerade noch gefehlt!«, doch plötzlich erscheint wie auf Knopfdruck ein Lächeln auf seinen Lippen und Sie werden freundlich begrüßt. Sie waren soeben Augenzeuge, wie sich nonverbal zunächst ganz unkontrolliert das wahre Gefühl Ihres Gegenübers gezeigt hat, bevor er steuernd eingreifen und ein freundliches Gesicht aufsetzen konnte. Er hat eigentlich keine Lust, sich mit Ihnen zu unterhalten, trotzdem ist er freundlich und wechselt ein paar Worte mit Ihnen, »weil sich das so gehört« und nicht weil es sein Herzenswunsch ist. Auch wenn die echte, nonverbale Äußerung nur sehr kurz zu sehen ist, nehmen wir diese wahr. Das liegt daran, dass unsere verbale Sprachentwicklung erst vor etwa 100 000 Jahren begann, unsere Vorfahren aber schon ein bis sechs Millionen Jahre vorher nonverbal kommuniziert haben. Daher ist unser steinzeitliches Gehirn viel mehr darauf trainiert, nonverbale Zeichen zu interpretieren als verbale Aussagen.

Manchmal drücken wir auch verbal etwas anderes aus als nonverbal. Man spricht dann von einer »inkongruenten Kommunikation«. Zum Beispiel antwortet ein Mitarbeiter oder Kollege auf Ihre Frage nach dem Stand des Projektes, alles laufe prima, starrt dabei aber vor sich auf den Tisch und sieht Ihnen nicht in die Augen. Verbal und damit bewusst gibt er vor, dass alles in Ordnung sei, nonverbal und damit unbewusst vermittelt er: Bei dem Projekt läuft gerade gar nichts gut.

Den Klassiker kennen wir, glaube ich, alle: Ihre Mutter ruft an und Sie fragen, wie es ihr geht. Sie antwortet: »Ja, ja, alles ist gut!« – allerdings sagt sie das in einem leidenden Tonfall. Uns ist meistens sofort klar, dass irgendetwas nicht stimmt. Die Gründe, warum unsere Mutter das nicht offen anspricht, können vielfältig sein. Vielleicht meint sie, dass sie uns mit ihren Sorgen und Nöten belästigen würde, oder sie ahnt schon, was wir ihr raten würden, und das entspricht nicht dem, was sie hören möchte. Wir haben zwei Informationen zur Auswahl und unbewusst entscheiden wir uns meist für die nonverbale, da diese authentischer ist.

Auch wenn es paradox klingt: Genauso können wir unseren Verstand nutzen, um an unserer eigenen Körpersprache abzulesen, was wir unbewusst wollen. Die bewusste Beobachtung unserer eigenen nonverbalen Kommunikation ist ein guter Weg, um uns selbst klar darüber zu werden, was in uns vorgeht und was unser Herz wirklich will. Bevor ich Ihnen ein konkretes Beispiel dafür gebe, wie so eine Analyse funktioniert, möchte ich Sie zu einem kleinen Experiment einladen.

ⅠⅠⅠⅠⅠ Experiment

»Kopfhaltung«

Suchen Sie sich einen Partner für dieses Experiment oder stellen Sie sich vor einen Spiegel. Wirkungsvoller ist diese Übung mit einem Partner. Schauen Sie nun Ihr Gegenüber an, während er oder sie folgende Kopfhaltungen nacheinander ausführt, und achten Sie darauf, wie diese auf Sie wirken. Sollten Sie das Experiment alleine durchführen, nehmen Sie die verschiedenen Haltungen selbst ein und betrachten sich dabei im Spiegel. Achten Sie darauf, welchen Eindruck Ihr Spiegelbild in jeder Position auf Sie macht und wie Sie sich dabei fühlen.

1. Kopf gerade
2. Kopf nach links geneigt
3. Kopf gerade
4. Kopf nach rechts geneigt
5. Kopf gerade

Wie waren Ihre Wahrnehmungen? Wie haben Sie die verschiedenen Kopfhaltungen empfunden?

Welche Gefühle wir unter anderem über unsere Kopfhaltung unbewusst ausdrücken, hat Michael Grinder erforscht, ein Spezialist für nonverbale Kommunikation. Halten wir den Kopf gerade, dann sind wir uns einer Sache sicher und wirken sachlich und vertrauenswürdig. Nachrichtensprecher halten den Kopf gerade, sie geben klare Informationen weiter.

Den Kopf neigen wir automatisch nach links, wenn wir etwas hinterfragen. Ein Künstler, der sein Werk begutachtet, neigt den Kopf nach links. Ein kritischer Journalist tut dies ebenso, wenn er investigative Fragen stellt.

Neigen wir den Kopf nach rechts, tun wir das meist, wenn wir einem oder mehreren anderen Menschen zugeneigt sind und uns ebenso Zuneigung wünschen. Frauen halten beim Flirten den Kopf gerne so und manchmal werfen sie dabei auch noch ihre Haare nach hinten, um den Hals »freizulegen« und sich verletzlich zu zeigen.

Mit diesem Hintergrundwissen versetzen Sie sich nun in Ihrer Phantasie in einen Besprechungsraum. Es ist zehn Uhr morgens, ein wichtiges Meeting findet statt. Die Mitarbeiter der Firma »Inter Fresh« sitzen zusammen. Es geht darum, Wege zu finden, wie das Unternehmen noch effizienter arbeiten kann. Sie hören und sehen zu, wie Ideen entwickelt, diskutiert und wieder verworfen werden. Irgendwann meldet sich Peter Schulze zu Wort. Er sagt: »Ich bin überzeugt, dass wir die Portokosten stark reduzieren können. Da müssen wir einfach mal härter in der Versandabteilung durchgreifen.« Dabei schaut er in die Runde, während er den Kopf leicht nach rechts neigt.

Jetzt stellen Sie sich die gleiche Situation noch einmal vor, diesmal macht Michael Maier den Vorschlag: »Ich bin überzeugt, dass wir die Portokosten stark reduzieren können. Da müssen wir einfach mal härter in der Versandabteilung durchgreifen.« Dabei schaut er in die Runde, während er den Kopf gerade hält. Wen finden Sie in Ihrer Vorstellung überzeugender und was, denken Sie, ist den beiden wirklich wichtig?

Beide Herren haben genau das Gleiche gesagt, trotzdem

gehe ich davon aus, dass Sie Herrn Maier überzeugender fanden. Durch seine gerade Kopfhaltung hat er ganz unbewusst seine Aussage unterstützt. Er scheint tatsächlich sicher zu sein, dass bei den Portokosten gespart werden kann. Herr Schulze dagegen drückt nonverbal etwas anderes aus als verbal. Angenommen er würde selbst wahrnehmen, dass er den Kopf nach rechts geneigt hat während des Vorschlags, und er hätte dieses Buch gelesen, wüsste also seine eigene Körpersprache zu deuten. Der nach rechts geneigte Kopf könnte ihm den Anhaltspunkt geben, dass er selbst nicht wirklich überzeugt ist von seinem Vorschlag und dass er trotzdem auf die Zuneigung seiner Kollegen hofft. Wenn diese Selbstdeutung auf ihn zutrifft, und das kann er ja sehr leicht bei sich hinterfragen, ist das ein guter Hinweis darauf, dass er im Augenblick nicht seine innersten Ziele verfolgt, sondern unbewusst versucht, eine Rolle zu erfüllen, die nicht wirklich seine ist. Diese Erkenntnis ist der erste Schritt zu mehr Selbstbewusstsein und Freiheit.

Ich möchte Ihnen noch einige weitere Anhaltspunkte geben, wie Sie die Deutung Ihrer eigenen Körpersprache nutzen können, um zu erkennen, wo Ihr innerer Jammerlappen Sie dazu bringt, sich anzupassen und damit Ihre wahren Bedürfnisse zu ignorieren.

Der zuvor schon erwähnte Kommunikationsexperte Michael Grinder hat in jahrzehntelanger Forschung die Grundbausteine der nonverbalen Kommunikation ermittelt, die in allen Kulturen der Welt identisch sind. Die wichtigsten Komponenten für unsere Selbstanalyse sind die folgenden acht:

> Atmung
> Stimme
> Pausen
> Augen

> Kopfhaltung
> Gesten
> Körperhaltung
> Nähe und Distanz

Atmung

Wie im Kapitel »Sorgen auflösen« beschrieben, unterscheidet man zwischen Bauch- und Brustatmung. Achten Sie einfach mal darauf, in welchen Situationen Ihr Atem eher flach in den Brustraum geht. Denn dann gibt es anscheinend etwas, das Sie irritiert oder stresst. Was würden Sie in diesen Augenblicken lieber tun?

Falls Sie sich fragen, warum die Atmung zur nonverbalen Kommunikation gezählt wird: Unser Gegenüber nimmt ganz unbewusst wahr, wie wir atmen, und erkennt daran, wie angespannt oder entspannt wir sind.

Stimme

Hören Sie sich selbst zu, wenn Sie reden. Wann ist Ihre Stimme laut, leise, hoch, tief, schnell, langsam, gepresst, frei, brüchig oder stabil? Passt die Art, wie Sie sprechen, zu dem Inhalt dessen, was Sie sagen? Wenn nicht, dann gibt es eine Ambivalenz zwischen dem, was Sie denken und fühlen. Was müssten Sie verbal ausdrücken, damit es zu der nonverbalen Art passt, in der Sie sprechen?

Ein anderer Aspekt ist das sogenannte Stimmmuster. Man unterscheidet zwischen dem glaubwürdigen und dem zugänglichen Stimmmuster. Im glaubwürdigen Stimmmuster sprechen wir in einer gleichbleibenden Stimmlage und senken die Stimme am Ende des Satzes. Nachrichtensprecher lesen so die Meldungen vor. Wenn wir so sprechen, dann sind wir sachlich und klar, ohne Emotion. Sagen Sie auf diese Art

Ihrem Partner, dass Sie ihn lieben, dann sollten Sie sich fragen, ob er oder sie tatsächlich der Richtige an Ihrer Seite ist.

Das zugängliche Stimmmuster zeichnet sich durch eine sich wellenförmig hebende und senkende Stimmlage aus und am Ende des Satzes geht die Stimme nach oben. Es hört sich ein wenig an wie ein Singsang. Mit diesem Stimmmuster kommunizieren wir auf der Beziehungsebene und zeigen dem anderen, dass wir ihn mögen und auch von ihm gemocht werden wollen. Angenommen, Sie haben sich über Ihren Partner, Ihr Kind oder einen Mitarbeiter geärgert und möchten eine klare Ansage machen, welches Verhalten Sie in Zukunft von dem anderen erwarten. Bemerken Sie dann während Ihres Sprechens, dass Sie in den Singsang des zugänglichen Stimmmusters verfallen, dann möchten Sie vielleicht verstandesmäßig Ihre Forderung durchsetzen, Ihre Stimme verrät Ihnen dagegen, dass Ihnen in Wahrheit die gute Beziehung viel wichtiger ist.

Pausen

Für mich ist es ein faszinierender Aspekt, dass wir durch »nichts« etwas ausdrücken, denn eine Pause ist nun mal nichts. Sprechpausen zeigen zum Beispiel, dass wir nachdenken oder unsicher sind. Sie erzeugen Spannung, da der Zuhörer neugierig ist, wie es weitergeht, oder sie sind eine Aufforderung für unser Gegenüber, uns zu antworten. Hören Sie sich zum Beispiel sagen: »Deine Meinung ist mir wichtig! Was würdest du denn an meiner Stelle tun?« und lassen danach dem anderen keine Zeit zum Antworten, sondern reden sofort weiter, dann könnte das ein Zeichen sein, dass Sie die Meinung der oder des anderen gar nicht hören möchten. Möglicherweise fragen Sie Ihr Gegenüber nur um Rat, da »man« das nun mal so macht und Sie nicht unhöflich sein möchten.

Augen

Mit unseren Augen können wir Kontakt zu anderen Menschen herstellen oder wir lenken die Aufmerksamkeit auf etwas oder jemanden. Wenn wir jemandem bei der Begrüßung nicht in die Augen schauen, dann kann das ein Hinweis sein, dass wir eigentlich gar keinen Kontakt zu dieser Person haben möchten. Vielleicht weil wir ihn oder sie nicht mögen, uns schämen oder etwas zu verheimlichen haben. Was genau ist es, das Sie manchmal davon abhält, bestimmten Menschen wirklich in die Augen zu schauen? Was ängstigt, verunsichert oder ärgert Sie bei diesen Personen?

Kopfhaltung

Diesen Aspekt haben wir zuvor schon in dem Experiment und dem Fallbeispiel behandelt. Achten Sie verstärkt darauf, was Sie in verschiedenen Situationen alleine durch Ihre unbewusste Kopfhaltung über sich selbst erfahren können.

Gesten

Über Gesten können wir in kurzer Zeit mehr ausdrücken als mit vielen Wörtern. Durch »Vogelzeigen« geben wir z. B. unmissverständlich unserem Missfallen Ausdruck. Ein Handkuss dagegen ist ein Zeichen von Zuneigung und Respekt. Eine einfache Handbewegung kann auch die Aufmerksamkeit unseres Gegenübers lenken. Nehmen Sie in nächster Zeit auch Ihre Gestik bewusster wahr. Wenn Sie zum Beispiel bemerken, dass Sie Ihre Arme verschränkt haben, dann fragen Sie sich selbst, was der Grund dafür ist. Bequemlichkeit, Wärme oder vielleicht tatsächlich Abneigung oder Abwehr? Was gefällt Ihnen nicht und was hält Sie davon ab, die Situation zu ändern oder zumindest Ihre Meinung offen auszusprechen?

Körperhaltung

Stehen oder sitzen wir krumm oder gerade, dem anderen zu- oder abgewandt? All das verrät uns und unserem Gegenüber, wie es in uns aussieht. Allein durch die unterschiedliche Belastung der Beine kommunizieren wir. In einem aufrechten Stand mit dem Gewicht gleichmäßig auf beiden Beinen verteilt, zeigen wir uns und der Umwelt, dass wir von dem überzeugt sind, was wir sagen, und sachlich und informativ kommunizieren. Belasten wir ein Bein mehr als das andere, dann ist uns in diesen Momenten wahrscheinlich die Beziehung zu einem oder mehreren Mitmenschen wichtig und wir kommunizieren eher auf der Beziehungsebene. In welchen Situationen ist die Art Ihrer Körperhaltung nicht stimmig mit dem, was Sie sagen? Was für Bedürfnisse könnten bei Ihnen dahinterstecken?

Nähe und Distanz

Die räumliche Nähe oder die Distanz, die wir zu einem anderen Menschen einnehmen, zeigt ohne Worte unser Verhältnis zu dieser Person. Achten Sie bei einer Party oder bei anderen Anlässen darauf, wie nah Sie bei wem positioniert sind. Je größer der Abstand, umso mehr distanzieren Sie sich wahrscheinlich bewusst oder unbewusst von dem anderen, räumliche Nähe steht dagegen auch für emotionale Nähe. Was verrät Ihnen der unbewusst eingenommene Abstand über sich selbst?

Bevor sich Ihr kleiner Jammerlappen vielleicht meldet und beanstandet, dass man das doch alles nicht verallgemeinern könne: Die beschriebenen Aspekte sind keinesfalls in Stein gemeißelte Gesetze. Der Vorteil bei der Selbstanalyse ist, dass Sie direkt selbst überprüfen können, ob Ihre Hypothesen stimmig sind oder nicht. Nur Sie alleine entscheiden, was Sie davon annehmen und was nicht. Ich möchte Sie einfach anregen, dass Sie bei sich selbst ab jetzt öfter mal hinschauen und Ihre unbewusste nonverbale Kommunikation hinterfragen, da Sie dadurch viel über sich selbst erfahren. Seminarteilnehmer fragen mich zu diesem Punkt oft: »Wie soll ich denn gleichzeitig auf diese ganzen Dinge achten und das auch noch, während ich in einem Gespräch bin, arbeite oder sonst was tue?« Ich glaube, es gibt keinen Menschen, der das hinbekäme. Meine Empfehlung: Suchen Sie sich pro Woche oder pro Tag einen einzigen Aspekt heraus, den Sie bei sich besonders beobachten, und lassen Sie sich von Ihrem Körper Hinweise darauf geben, wann Sie das tun, was Sie wirklich wollen und wann Ihr Herz etwas anderes möchte als Ihr Verstand.

Der innere Kompass

Die folgende Methode ist eine der wichtigsten in diesem Buch. »Der innere Kompass« unterscheidet sich von traditionellen Zielsetzungsmethoden dadurch, dass es hier nicht um oberflächliche Ziele geht, sondern darum, was Sie wirklich antreibt und was Sie tatsächlich erreichen möchten. Nur wenn Sie diese inneren Kräfte erkennen und nutzen, haben Sie die nötige Motivation, um auch bei Rückschlägen weiter am Ball zu bleiben und Ihre Ziele im Auge zu behalten. Das Tool besteht aus folgenden Elementen:

Den Kompass zusammensetzen
Hier geht es darum, Ihre eigenen Werte zu ermitteln, die Aspekte, die Ihr Leben lebenswert machen. Sie bilden die Maßeinheit für Ihren inneren Kompass.

Den Kompass ausrichten

Der zweite Schritt besteht darin, dass Sie, basierend auf Ihren Werten, Ihr wahres Ziel identifizieren. Es gibt Ihnen die Richtung vor, definiert den »Norden« auf Ihrem inneren Kompass. Nach einem anfänglichen Brainstorming, das auf Ihren in Schritt eins ermittelten Werten beruht, entwickeln Sie mithilfe innerer Bilder eine immer deutlichere Vorstellung davon, wo es Sie wirklich hinzieht im Leben.

Dieser Abschnitt des Buches ist entscheidend für den weiteren Verlauf, deshalb nehmen Sie sich bitte Zeit dafür. Legen Sie einen Stift und Papier bereit und beantworten Sie die folgenden Fragen so ausführlich wie möglich.

Gleich vorweg: Es gibt hier kein Richtig oder Falsch, es geht nur darum, dass Sie sich erlauben, sich selbst von einer anderen Seite kennenzulernen.

ⅠⅠⅠⅠ Tool

»Der innere Kompass«

DEN KOMPASS ZUSAMMENSETZEN

Ein Kompass hat die Funktion, das Magnetfeld der Erde zu messen. Entsprechend sind die Bauteile so gewählt, dass sie auf diese für uns unsichtbare Kraft reagieren und deutlich anzeigen, wo sie zu finden ist. Was ist Ihr persönliches Magnetfeld, was zieht Sie an? Damit meine ich keine materiellen Werte, sondern das, was Ihnen wirklich wichtig ist. Sich über die eigenen Werte bewusst zu sein ist entscheidend, um erkennen zu können, inwieweit diese erfüllt sind bzw. was nötig ist, um sie zu verwirklichen. Ihre Werte bilden die Bauteile für Ihren »inneren Kompass«, der Sie zu dem Ziel führen wird, das Sie wirklich glücklich macht.

Werte bestimmen

Die folgenden Fragen helfen Ihnen, eine erste Idee von Ihren wichtigsten Werten zu bekommen.

1. Was hat Sie an Ihrem Partner/Ihrer Partnerin am meisten angezogen? Wofür lieben Sie ihn/sie?
   Falls Sie Single sind: Woran würden Sie eine passende Partnerin/einen passenden Partner erkennen?
   Falls Sie bewusst alleine leben: Welche Vorteile hat es für Sie, ohne Lebenspartner zu sein?

2. Wohin fahren Sie gerne in Urlaub und mit wem? Haben Sie immer dasselbe Reiseziel oder sind es unterschiedliche? Was machen Sie dort am liebsten?

3. Was machen Sie in Ihrer Freizeit? Welche Hobbys haben Sie?

4. Warum haben Sie den Beruf ausgewählt, in dem Sie gerade tätig sind? Was gibt er Ihnen oder hat er Ihnen gegeben?
   Wenn Sie schon verschiedene Berufe ausgeübt haben, stellen Sie sich diese Fragen für jede der Tätigkeiten.

5. Schauen Sie sich Ihren Schreibtisch auf der Arbeit und/oder zu Hause an. Was ist darauf zu finden bzw. nicht zu finden und warum?

6. Was für ein Auto fahren Sie gerade? Wenn Sie keines haben: Für welches Modell würden Sie sich entscheiden? Aus welchen Gründen haben Sie sich für genau dieses Fahrzeug entschieden bzw. würden sich dafür entscheiden?

7. Wofür geben Sie das meiste Geld aus? Welche Funktion erfüllen die Dinge, die Sie kaufen/bezahlen?

Analysieren Sie Ihre Antworten und entdecken Sie so Ihre eigenen Werte. Manchmal sind diese etwas versteckt. Haben Sie zum Beispiel Fußball als Hobby, könnte das darauf hindeuten, dass Ihnen Gemeinschaft oder der Teamgedanke wichtig ist. Ihre Position auf dem Feld kann auch etwas über Ihre Werte aussagen. Ein aufgeräumter Schreibtisch könnte ein Hinweis sein, dass Sie Wert auf Struktur legen. Ein unordentlicher Schreibtisch könnte für Werte wie Freiheit, Kreativität oder Individualität stehen. Fotos Ihrer Kinder und Ihrer Frau/Ihres Mannes am Arbeitsplatz könnten ein Indiz sein, dass die Familie bei Ihnen ganz oben steht.

Wenn Sie keine Ideen haben, welche Werte sich hinter Ihren Antworten verstecken, dann hilft es, diese zusammen mit Freunden oder Ihrem Partner durchzugehen. Hören Sie sich deren Vorschläge an und lassen Sie diese auf sich wirken. Sie werden intuitiv wissen, welche der genannten Werte auf Sie zutreffen und welche nicht.

Als weitere Hilfe finden Sie hier eine Liste mit häufig genannten Werten:

Abenteuer – Abwechslung – Aktivität – Anerkennung – Ansehen – Anziehungskraft – Attraktivität – Aufrichtigkeit – Aussehen – Ausstrahlung – Authentizität – Bedeutung – Beförderung – Begeisterung – Beharrlichkeit – Beliebtheit – Besitz – Bewunderung – Beziehungsfähigkeit – Bindungsfähigkeit – Charisma – Ehrgeiz – Ehrlichkeit – Eloquenz – Entfaltungsfreiheit – Entwicklung – Erfolg – Erholung – Familie – Fitness – Fortschritt – Freigiebigkeit – Freiheit – Freizeit – Freude – Freundschaft – Geborgenheit – Gelassenheit – Gemeinschaft – Geselligkeit – Geld – Genuss – Gesundheit – Gerechtigkeit – Glück – Harmonie – Häuslichkeit – Heiterkeit – Höflichkeit – Humor – Intellekt – Intelligenz – Karriere – Kinder – Kreativität – Leistung – Lernen – Liebe – Macht – Mobilität – Nachhaltigkeit – Nostalgie – Offenheit – Optimismus – Ordnung – Partnerschaft – Perfektionismus – Pflichterfüllung – Pflichtgefühl – Pünktlichkeit – Reichtum – Respekt – Romantik – Rückhalt – Ruhe – Sexualität – Sicherheit – Sieg – Sinn – Sorgfalt – Sportlichkeit – Struktur – Sympathie – Teamfähigkeit – Toleranz – Tradition – Treue – Überlegenheit – Unabhängigkeit – Unbekümmertheit – Ungebundenheit – Unternehmungslust – Veränderung – Verantwortungsbewusstsein – Vergnügen – Vertrauen – Vision – Wachstum (persönlich, geistig) – Wertschätzung – Wohlstand – Zielstrebigkeit – Zukunftsorientierung – Zuverlässigkeit

Notieren Sie sich Ihre bisher ermittelten Werte.

Die folgenden Fragen eröffnen Ihnen zusätzliche Perspektiven, die Ihnen helfen, sich über Ihre Werte klarer zu werden:

1. Nehmen Sie sich Zeit für einen Rückblick auf Ihr bisheriges Leben. Was waren die drei wichtigsten Dinge, die Sie bis jetzt gelernt haben, und was macht diese so bedeutungsvoll für Sie?

2. Welche Personen sehen Sie als Vorbilder? Dabei spielt es keine Rolle, ob es sich um reale Menschen oder fiktive Figuren aus Literatur, Film, Fernsehen oder Ähnlichem handelt. Was genau macht diese Personen für Sie zum Vorbild?

3. In welchen Situationen sind Sie stolz auf sich?

4. Wie müsste die Inschrift auf Ihrem Grabstein lauten, damit diese Sie und Ihr Leben treffend beschreibt?

Ermitteln Sie auch hier aus den Antworten Ihre Werte. Fügen Sie diese zu Ihrer Liste hinzu.

Werte filtern

Ein Teil dieser Werte entstammt Ihrer inneren Überzeugung, den Rest haben Sie übernommen, da er Ihnen vorgelebt oder Ihnen von anderen übertragen wurde. Viele von uns leben solche von außen »aufgedrückten« Werte, obwohl sie nicht unserem Naturell entsprechen und uns nicht guttun. Einer meiner Klienten war es zum Beispiel von klein auf gewohnt, für seine Geschwister und auch für seine Eltern die Verantwortung zu tragen. Er bekam Anerkennung von seiner Familie, wenn er »der Starke« war, der sich um alle kümmerte und für Lösungen sorgte. Er lernte so, dass der gelebte Wert »Verantwortung« für positives Feedback sorgt. In unserem Coaching stellte sich heraus, dass er als Kind schon mit dieser viel zu großen Verantwortung überfordert gewesen war, diese aber ertragen hatte, da dies von ihm erwartet wurde. Jetzt, als Erwachsener, hatte er immer noch den Drang, ständig für andere da zu sein, merkte aber, dass er sich selbst damit nicht guttat. Im Coaching entwickelte er Ansätze, um nur noch die Verantwortung zu übernehmen, die er wirklich tragen kann und möchte.

Dieses Beispiel macht deutlich, dass nicht alles, was uns wichtig erscheint, tatsächlich unseren eigenen Werten entspricht. Auch in solchen Situationen ist es wieder der kleine Jammerlappen, der uns suggeriert, dass wir uns besser anpassen und es den anderen recht machen sollten. Damit Sie nicht in diese steinzeitliche Denkfalle stolpern, möchte ich Sie jetzt bitten, alle Werte auf Ihrer Liste auf ihren Ursprung hin zu untersuchen. Welche Situationen, Sätze, Gedanken oder anderen Wahrnehmungen aus Ihrer Vergangenheit fallen Ihnen zu den jeweiligen Werten ein?

Bei meinem Klienten war es für den Wert »Verantwortung« eine Erinnerung aus der Zeit, als er ungefähr acht Jahre alt war. Seine Mutter sagte damals zu ihm: »Was würde ich nur ohne dich machen!?«

Eine Klientin sah als Ursprung ihres Wertes »Vertrauen« die Geburt ihres Sohnes. Sie hatte sich damals geschworen, immer für ihn da zu sein. Er sollte sich sein Leben lang auf sie verlassen können.

Versuchen Sie durch diese Reflexion herauszufiltern, welche Werte wirklich zu Ihnen gehören und welche Ihnen von außen übertragen wurden. Streichen Sie bitte alle Werte von Ihrer Liste, die Sie als belastend und hinderlich empfinden.

Hauptwerte bestimmen

Welche der verbleibenden Werte sind Ihre wichtigsten? Streichen Sie nach und nach die Werte weg, die eine geringere Bedeutung für Sie haben, bis nur noch fünf Werte übrig bleiben. Diese sind die Essenz dessen, was Ihrem Leben eine Bedeutung gibt. Es sind die wichtigsten Aspekte Ihres Lebens. Je öfter Sie es schaffen, diese Hauptwerte für sich zu leben, umso erfüllter und zufriedener werden Sie sein.

DEN KOMPASS AUSRICHTEN

Nachdem Sie sich nun im Klaren darüber sind, welche Kräfte Sie genau motivieren und Sie in Bewegung bringen, geht es darum, Ihr erfüllendes Ziel herauszukristallisieren. Zur Vorbereitung sollten Sie Ihr gesamtes Gehirn aktivieren, wozu Sie eine der Methoden aus Phase 1 (aus dem Kapitel: »Präsent sein«) nutzen können.

Brainstorming

Die Grundlage, um Ihr großes Ziel zu finden, ist ein Brainstorming zu allen Ihren Träumen und Zielen. Schreiben Sie wirklich alles auf, was Ihnen in den Sinn kommt. Verlieren Sie dabei nie Ihre fünf Hauptwerte aus dem Blick. Notieren Sie alles, was Sie aktuell erreichen möchten oder wovon Sie früher, vielleicht sogar als Kind, einmal geträumt haben. Es ist im Moment vollkommen gleichgültig, ob diese Ideen realistisch sind oder nicht. Damit Sie wirklich alle gedanklichen Filter ausschalten, helfen aus meiner Erfahrung folgenden beiden Fragen:

Was würden Sie tun, wenn es egal wäre, was Ihr Kopf denkt?

Was würden Sie tun, wenn es egal wäre, was die anderen denken?

Geben Sie sich selbst die Erlaubnis, aus der Reihe zu tanzen, und sei es nur in Ihrer Phantasie. Tun Sie einfach für einen Moment so, als wäre es egal, was Ihr Kopf und die anderen denken. Sie können danach immer noch entscheiden, ob Sie Ihre tiefsten Wünsche tatsächlich in die Tat umsetzen – und sei es nur zum Teil. Oder ob Sie lieber wieder dem Drang nachgeben, »normal« zu sein und das zu tun, was »man« tut und was von Ihnen erwartet wird.

Hier noch weitere Fragen, die Ihnen das Brainstorming erleichtern:

Was machen Sie so gerne, dass Sie sogar dafür bezahlen würden, um es zu tun?

Was würden Sie tun, wenn es eine Erfolgsgarantie gäbe?

Was würden Sie tun, wenn Geld keine Rolle spielte?

Was würden Sie gerne lernen?

Wie viel Geld möchten Sie verdienen?

Was würden Sie Ihren Kindern bzw. der Nachwelt gerne an materiellen und immateriellen Werten hinterlassen?

Wofür möchten Sie auch noch nach Ihrem Tod bekannt sein?

Nehmen Sie sich wieder die nötige Zeit, um alles aufzuschreiben, was Ihnen in den Sinn kommt. Lassen Sie Ihrer Kreativität freien Lauf.

Gehen Sie jetzt noch einmal Ihre kompletten Brainstorming-Notizen durch und überprüfen Sie, ob Sie Ihre fünf Hauptwerte bei Ihren Ideen berücksichtigt haben. Wenn nicht, dann ist das ein Zeichen dafür, dass die entsprechenden Ziele nicht Ihre eigenen sind, sondern den Maßstäben Dritter entsprechen. Überlegen Sie, ob Sie die fraglichen Ziele auf der Liste behalten oder streichen bzw. anpassen wollen.

Das große Ziel visualisieren

Ich werde Sie gleich bitten, Ihr wahres Ziel vor Ihrem geistigen Auge entstehen zu lassen, es zu visualisieren. Dazu sollten Sie zunächst eine Atmosphäre schaffen, in der Sie ungestört sind und sich so wohlfühlen, dass Sie meinen Ausführungen entspannt folgen können.

Es spielt dabei keine Rolle, ob Sie sitzen oder liegen. Vielleicht können Sie Ihrer Phantasie aber auch am besten beim Spazierengehen oder Joggen freien Lauf lassen.

Ziehen Sie sich bequeme Kleidung an. Vielleicht gehört auch ein Getränk, ein Duft oder Musik dazu, damit Sie in der richtigen Stimmung sind, um Ihre Gedanken auf die Reise zu schicken.

Wenn die Atmosphäre stimmig ist, nehmen Sie sich Zeit, anhand Ihrer Brainstorming-Notizen eine erste Vision Ihres inneren Zieles zu entwickeln. Vielleicht gibt es Idee, die Sie mehr anzieht als alle anderen? Möglicherweise erkennen Sie auch eine Reihenfolge, in der Sie mehrere Ihrer Ideen verwirklichen möchten, oder Sie kombinieren einzelne, kleinere Ansätze zu einer großen Vision.

Lassen Sie ein Bild Ihres inneren Ziels vor Ihrem geistigen Auge entstehen:

Wo sehen Sie sich, wenn Sie das Ziel erreicht haben? In einem Raum, in der Natur oder ganz woanders?

Sind Sie alleine oder von Menschen umgeben? Kennen Sie diese Menschen bereits?

Was wird gesprochen? Was sagen Sie zu anderen Menschen, was sagen die anderen zu Ihnen?

Was für Geräusche nehmen Sie wahr, ist vielleicht auch Musik zu hören?

Gehören zu Ihrer Vision auch Geschmäcke und Gerüche?

Welche Kleidung tragen Sie?

Wie ist das Klima, die Temperatur?

Lassen Sie Ihr inneres Bild nach und nach immer konkreter werden, schauen Sie sich in Ihrer Vision ausführlich um. Wenn einzelne Aspekte für Sie nicht deutlich erkennbar sind, dann probieren Sie verschiedene Varianten aus. Ändern Sie Dinge, die noch nicht optimal sind. Passen Sie alles so lange an, bis es sich für Sie stimmig anfühlt. Je klarer Sie Ihr Ziel visualisieren, desto stärker wird es Sie motivieren und Ihnen das nötige Selbstvertrauen geben, um es tatsächlich zu erreichen.

Betrachten Sie Ihre Vision aus verschiedenen Perspektiven:

1. Stellen Sie sich vor, Sie sehen sich selbst von außen in Ihrer Zukunftsvision – wie auf einer Kinoleinwand oder einem Bildschirm.

2. Schauen Sie aus der Vogelperspektive auf Ihr Bild von der guten Zukunft.

3. Nehmen Sie die »Ich«-Perspektive ein, sodass Sie Teil Ihrer Zukunftsvision sind.

Was gibt es aus den unterschiedlichen Perspektiven Zusätzliches zu entdecken? Sehen, hören, fühlen, schmecken oder riechen Sie etwas, was Ihnen zuvor noch nicht aufgefallen war?

 Wenn Sie bei dieser Zielvisualisierung von mir unterstützt werden möchten, dann laden Sie sich gerne kostenlos die entsprechende Audiodatei von meiner Homepage www.Mathias-Fischedick.de/leichter.html herunter. In diesem Audioprogramm führe ich Sie, begleitet von angenehmer Musik, zu Ihrer Zielvision.

Das große Ziel überprüfen

Um sicherzugehen, dass Ihre anvisierte Vision wirklich das ist, was Sie erstreben, stellen Sie sich die folgenden Fragen:

> Kann ich meine Zielvision klar sehen, oder ist sie nebelig bzw. unscharf?

> Wirkt die Vision anziehend oder abstoßend?

> Fühle ich mich bei der Vorstellung frei oder eingeschränkt?

> Ist das wirklich die Vision meines eigenen Zieles, oder ist es das Ziel einer oder mehrerer anderer Personen?

> Was könnte es für einen Vorteil haben, dieses Ziel nicht zu verfolgen?

> Könnte jemand etwas dagegen haben, dass ich dieses Ziel erreiche? Wie relevant ist dies für mich?

Sollten die Antworten auf diese Fragen in Ihnen den leisesten Zweifel aufkommen lassen, dass die Vision nicht Ihren innersten

Wünschen entspricht, dann wiederholen Sie den Schritt »Das große Ziel visualisieren« mit einer anderen Idee von Ihrer Liste, immer unter Beachtung Ihrer fünf Hauptwerte.

Erst wenn Sie tatsächlich die Vision gefunden haben, von der Sie sich hundertprozentig angezogen fühlen, gehen Sie zu dem folgenden Schritt über.

Das große Ziel formulieren

Fassen Sie nun Ihre Zielvision möglichst konkret in schriftlicher Form zusammen. Achten Sie darauf, dass Sie bei der Beschreibung keine Vermeidungsziele nennen, wie »Ich werde nicht mehr mit nervigen Kollegen zusammenarbeiten« oder »Ich werde nicht mehr dick sein«. Wenn Sie beschreiben, was Sie nicht mehr möchten, dann ist das kein Ziel, auf das Sie hinarbeiten können, sondern es beschreibt nur, wovon Sie weg möchten. Das wäre so, als wollten Sie in den Urlaub und würden dem Taxifahrer als Reiseziel »Bitte weg von zu Hause« nennen. Er wird damit nichts anfangen können.

Definieren Sie vielmehr Annäherungsziele, die möglichst konkret sind und das beschreiben, was Sie in Ihrer Vision gesehen haben – so haben Sie eine klare Richtung, in die Sie mithilfe Ihres inneren Kompasses navigieren können. Zum Beispiel »Ich werde mit freundlichen Kollegen zusammenarbeiten, die von sich aus sehen, was zu tun ist« oder »Ich werde innerhalb eines Jahres zehn Kilo abnehmen und so fit sein, dass ich mit Leichtigkeit die Treppe zu meiner Wohnung in den vierten Stock nehmen kann«.

Um sich selber bewusst zu machen, dass Ihr Ziel – wenn vielleicht auch mit etwas Mühe – erreichbar ist, beginnen Sie die Formulierung Ihrer Zielvision am besten mit »Ich werde …«.

Indem Sie zum Beispiel schreiben: »Ich werde ein erfolgreicher Coach sein, der Menschen mit einfachen, wirkungsvollen

Methoden darin unterstützt, ihre wahren Ziele zu erreichen und ein glückliches Leben zu führen. Ich werde Bücher schreiben, Seminare geben und unterhaltsame Vorträge zu diesen Themen halten. Dabei schaffe ich es immer, das für mich richtige Gleichgewicht zwischen Arbeit und Erholung zu finden.«

Herzlichen Glückwunsch, Sie haben Ihren Nordpol gefunden, Ihren Fixstern, der Ihnen den Weg weisen wird!

Hallo!
Aufwachen!!!

Es ist ja schön, dass Sie gerade auf Wolke sieben
schweben, aber diese »Visionen« haben nichts mit dem
echten Leben zu tun! Seien Sie doch vernünftig und
bleiben Sie bei dem, was Sie haben. Überlegen Sie mal,
was Sie alles ändern müssten, um Ihrem Ziel auch nur
ein bisschen näher zu kommen. Ob Sie es jemals erreichen, das steht sowieso in den Sternen. »Lieber den
Spatz in der Hand als die Taube auf dem Dach«: Das ist
die richtige Einstellung, um glücklich zu sein.

Machen Sie sich doch mal bewusst, was wir alles
schon zusammen erreicht haben. Das wollen Sie doch
nicht einfach so wegwerfen, oder? Wenn Sie etwas weg-
schmeißen sollten, dann ist es dieses Buch. Ich hoffe,
Sie sind jetzt wieder auf dem sicheren Boden der Tat-
sachen angekommen.

Ihr realistischer

Jammerlappen

Wirkungsvolle Visionen

Der Jammerlappen hat in einem Punkt völlig recht: Träumereien reichen nicht, um wirklich glücklich zu werden. Auch wenn die lebhafte Visualisierung unseres Zieles uns motiviert, wird diese allein uns nicht dort hinbringen. Seit Jahrzehnten werden in der Selbsthilfeliteratur Ratschläge gegeben, wie: »Visualisieren Sie Ihr erträumtes Selbst und Sie werden erfolgreich sein« oder »Denken Sie wie ein Millionär und Sie werden reich werden«. Wenn das so leicht ginge, dann wären wir eine Nation von schlanken und kerngesunden Millionären.

> »Der beste Weg, die Zukunft vorherzusagen,
> ist, sie selbst zu erfinden.«
> Alan Kay (*1940)

Dass reine Zielvisualisierungen sogar kontraproduktiv sein können, fanden unter anderem zwei Psychologen der University of California heraus. Lien B. Pham und Shelly E. Taylor untersuchten, welchen Einfluss »mentale Simulationen« auf unseren Erfolg haben. Dazu baten sie Studenten, die kurz vor ihren Zwischenprüfungen standen, sich jeden Tag mindestens fünf Minuten vorzustellen, dass sie eine gute Note für ihre Prüfung bekommen und wie wohl sie sich dabei fühlen würden. Dieses Bild sollten sie in ihrer Phantasie so realistisch wie möglich ausmalen. Außerdem hatten sie die Aufgabe, darüber Buch zu führen, wie viele Stunden sie täglich gelernt hatten. Die Teilnehmer einer Kontrollgruppe notierten nur ihre Lernstunden und führten keine Visualisierungen aus. Der Tag der Prüfungen kam und nicht nur die Studenten, sondern auch Pham und Taylor warteten gespannt auf die Ergebnisse – und die waren eindeutig: Die Teilnehmer, die sich selbst jeden Tag als erfolgreiche Absolventen visualisiert hatten, schnitten durchgehend schlechter ab als die Probanden, die keine solche »mentale Simulation« durchgeführt hatten. Im Schnitt hatten die klassischen Lerner drei Stunden mehr gebüffelt als diejenigen, die das Mentaltraining absolvierten. Die Zielvisualisierungen hatten dazu geführt, dass die Teilnehmer dieser Gruppe zu siegessicher waren, da sie sich schon am Ziel sahen. Das wirkte sich sowohl quantitativ als auch qualitativ auf die Prüfungsvorbereitungen aus.

Andere Wissenschaftler kamen bei Studien mit übergewichtigen Personen, die an einem Abnehmprogramm teilgenommen hatten, zu ähnlichen Ergebnissen. Zu starke positive Phantasien von der Traumfigur hatten dazu geführt, dass die Teilnehmer ihr Essverhalten nicht wesentlich geändert und in der Folge nur wenig oder gar nicht an Gewicht verloren hatten.

Lassen Sie sich aber von diesen Ergebnissen bloß nicht frustrieren! Denn zum einen möchte ich noch einmal betonen, dass die Visualisierung Ihres Ziels per se gut ist, da diese Ihnen den nötigen Schwung gibt, um in Fahrt zu kommen. Zum anderen werde ich Ihnen jetzt verraten, was die Versuchsleiter an der University of California noch zum Thema

»mentale Simulationen« herausgefunden haben. Neben den »Zielvisualisierern« und der Kontrollgruppe ohne Mentalübungen gab es nämlich noch eine Gruppe, die ebenfalls jeden Tag bis zur Prüfung fünf Minuten lang eine Visualisierungsübung ausführte. Diese Teilnehmer hatten die Aufgabe, sich in ihrer Phantasie selbst beim zielführenden Lernen zuzuschauen. Diese bildlichen Vorstellungen sollten genau umfassen, wann, wo und wie sie sich auf die Prüfungen vorbereiteten. Und auch diese Gruppe sollte neben der Visualisierung des Lernens die tatsächlich aufgewendete Zeit für die Prüfungsvorbereitungen notieren. Schon im Vorfeld der eigentlichen Examen wurde deutlich, dass die Teilnehmer, die das Lernen in Gedanken simulierten, emotional am positivsten von allen Gruppen gestimmt waren. In den Zwischenprüfungen schnitten die »Prozessvisualisierer« dann am besten von allen ab.

Die Erkenntnis aus dieser Studie ist, dass die reine Zielvisualisierung uns noch keine Idee gibt, wie wir in der Realität ans Ziel gelangen sollen. Die Prozessvisualisierung dagegen hilft uns, in unserer Phantasie verschiedene Ansätze auszuprobieren, und liefert uns dann die geistige Vorlage für die tatsächliche Umsetzung des Weges zum Ziel. Die Forscher fanden zudem heraus, dass die in der Prozessvisualisierung angedachten Schritte fast genauso umgesetzt wurden wie in der Phantasievorstellung, da die Vorgehensweise sehr nah an der Realität lag. Unsere Vorstellungskraft kann uns demnach als eine realistische Übungsplattform dienen, auf der wir verschiedene Handlungsvarianten gefahrlos testen können, bis wir die beste gefunden haben. Zudem gibt uns dieses testweise Gehen unseres Weges ein größeres Selbstvertrauen bei der tatsächlichen Umsetzung.

Im nächsten Abschnitt erfahren Sie, wie Sie diese Erkenntnisse zum Erreichen Ihres Ziels nutzen können.

Meilensteine

Wie erreicht man nun das Ziel, das oft in weiter Ferne zu liegen scheint? Wie können wir den Weg dorthin so visualisieren, dass wir auch tatsächlich gut vorankommen? Stellen wir
uns den ganzen Weg auf einmal vor, dann demotivieren wir
uns schnell selbst, denn der Sprung von jetzt bis zum Ziel ist
meist unvorstellbar groß. Zum einen wissen wir dann nicht,
wie wir das alles auf einmal erreichen sollen, und zum anderen sträubt sich unser kleiner Jammerlappen mit allen Kräften gegen diese riesige Veränderung. Den Job wechseln? Aus-
wandern? Etwas komplett Neues lernen? Eine Idee zu einem
marktreifen Produkt entwickeln? Das übersteigt die Flexibilität unseres steinzeitlichen Gehirns. Das Geheimnis liegt
darin, den Weg zum Ziel in überschaubare Abschnitte zu
unterteilen und diese zu visualisieren. Dadurch machen wir
kleine Schritte, die uns nicht überfordern, und wir wiegen
damit unseren Jammerlappen in Sicherheit, da die Veränderungen nicht allzu groß sind.

So hatte sich der Franzose Michel Lotito, bekannt als »Mon-
sieur Mangetout« (»Herr Allesfresser«), zum Ziel gesetzt, ein
komplettes Kleinflugzeug des Typs Cessna 150 zu essen. Sie
haben richtig gelesen: Er hatte die Vision, ein Flugzeug mitsamt Sitzen, Motor und Propeller zu verspeisen. »Unmög-

lich«, werden Sie vielleicht denken, doch er hat es tatsächlich geschafft. Er nutzte das Prinzip der kleinen Schritte, indem er jeden Tag einen kleinen Teil der knapp 500 Kilo wiegenden Cessna verschluckte. Bis zu 900 Gramm Metall verputzte er in einer Mahlzeit. Nach zwei Jahren hatte er das Flugzeug aufgegessen und seine Vision war Realität geworden.

Eine rote Büroklammer wurde ebenfalls zu einem Symbol für die Wirksamkeit kleiner Etappen auf dem Weg zum großen Ziel. Und zwar hatte sich der Kanadier Kyle MacDonald 2005 in den Kopf gesetzt, diese Klammer gegen ein Haus zu tauschen. Doch wer würde ihm für diesen wertlosen Büroartikel ein ganzes Haus geben? Niemand! Über mehrere Zwischenschritte gelang es ihm dann trotzdem, innerhalb eines Jahres sein Ziel zu erreichen. Die rote Büroklammer tauschte er gegen einen fischförmigen Stift, diesen gegen einen handgemachten Türknauf, den er für einen 1000-Watt-Generator hergab. Weitere Tauschobjekte auf dem Weg zum eigenen Haus waren ein Motorschlitten, eine Reise, ein Kleinlaster, ein Plattenvertrag, ein Nachmittag mit Alice Cooper und eine Filmrolle. Genau 365 Tage später hielt er dann am 12. Juli 2006 den Schlüssel zu seinem neuen Haus in Händen. Die Fensterrahmen seines Eigenheims in Kipling ließ er rot streichen, als Erinnerung an die rote Büroklammer, mit der alles begann.

Wenn Sie sich jetzt fragen, wie Sie Ihren persönlichen Weg zum Gipfel in überschaubare und vor allem erreichbare Abschnitte unterteilen können, dann ist die folgende Methode eine gute Möglichkeit.

▎ ❘❘❘❘❘ Tool

»Der Etappen-Plan«

Sie benötigen dazu Ihr schriftlich ausformuliertes Ziel, außerdem
Stift, Papier und ein paar Münzen.

Ressourcen zusammenstellen

Oftmals sind wir uns gar nicht richtig bewusst, welche umfang-
reichen Mittel wir zur Verfügung haben, um unsere Ziele zu
erreichen. Das können materielle Dinge sein, aber auch immate-
rielle, wie zum Beispiel eigene Fähigkeiten, Wissen, Erfahrung
oder Kontakte. Bevor Sie die Route zu Ihrem großen Ziel planen,
ist es deshalb sinnvoll, sich zunächst einen Überblick über die
eigenen Ressourcen zu verschaffen. Je klarer Sie wissen, welche
Fähigkeiten und Hilfsmittel Ihnen zur Verfügung stehen, umso
leichter wird Ihnen die Planung und die Durchführung Ihres
Weges fallen. Folgende Fragen sollen Ihnen bei der Auflistung
Ihrer Ressourcen als Unterstützung dienen:

Welche Fähigkeiten und Talente haben Sie?
*Fragen Sie auch Ihre Freunde und Ihre Familie, worin diese Ihre
hervorstechenden Begabungen sehen.*

In welchen Bereichen haben Sie bisher Fachwissen und Erfahrung gesammelt?
*Was haben Sie durch die Ausübung von Hobbys, Ferienjobs,
Ausbildungen, Berufen, Fortbildungen, Selbststudium, Fach-
gesprächen, Ehrenämtern etc. gelernt?*

Wer genau gehört zu Ihrem privaten und beruflichen Netzwerk?
*Dazu gehören auch Menschen, zu denen Sie lange keinen Kon-
takt mehr hatten oder mit denen Sie bisher nur lose in Verbindung standen.*

Zu Ihrem Netzwerk gehören zum Beispiel

> *Familie*

> *Freunde*

> *Bekannte*

> *Mannschafts- oder Vereinskollegen*

> *Nachbarn*

> *Schul-, Studien- und Ausbildungskollegen*

> *Arbeitskollegen*

> *Vorgesetzte*

> *Angestellte*

> *Kunden*

Welche Fähigkeiten, Kontakte und anderen Ressourcen haben diese Menschen, die Sie nutzen könnten?

Was gehört alles zu Ihrem Vermögen, auf das Sie zugreifen könnten, um Ihre Vision zu finanzieren?

Welche technische Ausstattung haben Sie, die für die Erreichung Ihres Ziels nützlich sein könnte?
(z. B. Computer, Drucker, Kopierer, Fax, Möbel, Auto)

Welche Fachliteratur, Audioprogramme, DVDs und anderen Wissensquellen besitzen Sie, die hilfreich sein könnten?

Sammeln Sie alles, was Ihnen einfällt. Lassen Sie sich Zeit beim Zusammenstellen Ihrer Ressourcenliste. Je umfangreicher und durchdachter diese ist, desto leichter fallen Ihnen die nächsten Schritte. Denken Sie auch um die Ecke, gehen Sie Ihr Adressbuch durch, stöbern Sie in Ihrem Bücherschrank, blättern Sie in alten Fotos, scrollen Sie durch Ihr Facebook- oder XING-Profil usw.

Startposition bestimmen

Nachdem Sie einen ersten Überblick über Ihre »Ausrüstung« haben, können wir mit der eigentlichen Routenplanung beginnen. Zeichnen Sie dazu eine Skala mit den Werten 0 bis 10, die folgendermaßen aussieht, oder nutzen Sie die vergrößerte Version der hier abgebildeten Skala, die Sie im Anhang finden:

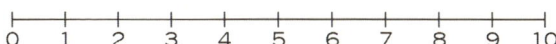

10 bedeutet, dass Sie ganz genau wissen, wie Sie Ihre Zielvision Realität werden lassen können, und 0 heißt, dass Sie gar keine Ahnung haben, wie das gehen soll. Wo befinden Sie sich aktuell auf der Skala? Legen Sie eine Münze an diese Stelle auf die Skala. Handeln Sie rein intuitiv. Es kann auch sein, dass Sie das Gefühl haben, sich genau zwischen zwei Werten zu befinden – dann legen Sie die Münze dorthin. Dies ist Ihr Startpunkt.

Ressourcen analysieren

Wenn Ihr Startpunkt höher als 0 liegt, dann beantworten Sie bitte folgende Fragen, ansonsten gehen Sie direkt zum Punkt »Highlight setzen«:

Was gibt Ihnen das Gefühl, dass Sie sich an der Stelle der Skala befinden, an der die Münze liegt? Welche Umstände sprechen dafür, dass Sie sich an dieser Position auf Ihrem Weg zum großen Ziel befinden?

Notieren Sie diese Erkenntnisse.

Welche Ressourcen haben Sie bewusst oder unbewusst genutzt, um auf diesen Startpunkt zu gelangen?

Sollten diese Ressourcen noch nicht auf Ihrer zuvor angelegten Liste vorkommen, ergänzen Sie diese bitte.

Highlight setzen
Waren Sie zuvor schon einmal höher auf der Skala, das heißt näher an Ihrem Ziel als im Augenblick? Wenn das zutrifft, legen Sie bitte eine andere Münze als Markierung auf den höchsten Wert, den Sie schon einmal erreicht haben, und beantworten Sie die folgenden Fragen.

Sollten Sie dagegen noch nie weiter gewesen sein als jetzt, dann gehen Sie bitte direkt zum Punkt »Schritte bis zum Hauptziel entwickeln«.

Was war anders, als Sie sich in der »Highlight-Phase« befunden haben? Was haben Sie anderes gedacht, gesagt oder getan?

Was von dem, was Sie damals anders gemacht haben, könnten Sie auch heute wieder tun – vielleicht auch nur in einzelnen Aspekten oder auf andere Art?

Angenommen Sie würden die Erkenntnisse, die Sie gerade aufgrund der vorhergehenden Frage gewonnen haben, so gut wie möglich nutzen: Wohin würde es Sie auf der Skala bringen?

Sollte Sie die Anwendung der »Highlight-Erfahrungen« auf der Skala weiter in Richtung 10 bringen, dann verschieben Sie bitte die erste Münze auf diese Zahl. Notieren Sie sich außerdem diesen Wert sowie die konkreten Handlungen, die Sie dorthin bringen würden.

Was wäre anders, wenn Sie sich auf dieser neuen Position befänden? Notieren Sie diese Erkenntnisse.

Schritte bis zum Hauptziel entwickeln

Wenden Sie das folgende Vorgehen für jeden Schritt auf der Skala an, bis sich Ihre zuerst gelegte Münze auf der 10 befindet:

1. Legen Sie die erste Münze einen Wert höher auf der Skala.

2. Angenommen, Sie wären in der Realität schon an diesem Zwischenziel. Woran würden Sie bemerken, dass Sie dort angekommen sind? Was würden Sie wahrnehmen, denken, fühlen oder sagen? Was wäre in Ihrem Umfeld anders? Lassen Sie sich Zeit für diese Visualisierung. Wenn Sie mögen, dann schließen Sie Ihre Augen und stellen Sie sich Ihr Leben an diesem Punkt der Skala vor. Schauen Sie es sich dabei genau an. Nehmen Sie möglichst detailliert wahr, was Sie in dieser Situation sehen, hören, fühlen, riechen und tun.

3. Wie hätten Sie es geschafft, diesen Schritt zu gehen? Schließen Sie auch jetzt wieder einen Moment die Augen und gehen Sie in Gedanken in der Zeit rückwärts. Was hätten Sie getan, gesagt oder gedacht, um das Zwischenziel zu erreichen, das Sie in 2. visualisiert haben? Welche Ihrer Ressourcen hätten Sie dafür genutzt? In welchem Zeitraum hätten Sie diese Dinge in Ihrer Phantasie umgesetzt?

4. Notieren Sie die Position, an der sich gerade Ihre Münze befindet, dazu Ihre Erkenntnisse von 2. und die konkreten Handlungsansätze und Zeitvorgaben von 3.

5. Liegt Ihre Münze jetzt noch nicht auf 10, beginnen Sie wieder bei 1.

Hier ein Beispiel, wie Ihre Notizen aussehen könnten:

Meine Vision: Ich werde ein Kursprogramm entwickeln, mit dem ältere Menschen ihre Lebensfreude steigern können.

POSITION 5 (Start)

Ressourcen

> Durch meine Coachingerfahrung weiß ich, was Menschen im Allgemeinen motiviert.

> Durch viele Gespräche mit älteren Menschen kenne ich erste Ansatzpunkte für die Entwicklung eines Kursprogramms.

> Ich kenne mich so gut mit Internet, Tonaufnahmen, Textverarbeitung, Grafik und Videoproduktion aus, dass ich die Erstellung des Programms in großen Teilen alleine bewältigen kann.

POSITION 7 (Sprung hierhin durch Highlight-Erkenntnisse)

Daran würde ich erkennen, dass ich mich auf 7 befinde:

> Ich hätte ein klareres Bild, was ältere Menschen wirklich brauchen, um mehr Lebensfreude zu haben.

> Ich wüsste, auf welche Art das Programm gestaltet sein müsste, damit die Senioren es nutzen würden.

Handlungen

> Ich entwickele einen Fragebogen, um mehr Informationen zu sammeln, und verteile diesen an Seniorenvereine und Altenheime, die ich im Internet recherchiert habe. — Dauer: 3 Wochen

> Ich kontaktiere ehemalige Klienten von mir, die älter als 65 Jahre sind, und führe längere Interviews. — Dauer: 4 Wochen (parallel zu Fragebögen)

POSITION 8

Daran würde ich erkennen, dass ich mich auf 8 befinde:

> Ich hätte ein erstes Konzept des Programms entwickelt.

> Ich hätte erste Demosegmente des Programms produziert (Videos, Audiodateien und Texte) und mit einigen Senioren getestet.

Handlungen

> Ich werte die Fragebögen und Interviews aus. — Dauer: 1 Woche

> Ich kontaktiere Steffi Schulze, die Freundin eines ehemaligen Kolle-

gen, die Spiele für ältere Menschen entwickelt, und bitte sie um ihre Einschätzung. — Dauer: 1 Tag

> Ich schreibe ein erstes Konzept. — Dauer: 2 Wochen
> Ich setze ein Modul als Text, Video und Audiofile um. — Dauer: 2 Wochen
> Ich wähle 10 Frauen und 10 Männer über 65 aus den Altenheimen aus, zu denen ich auf Position 7 schon Kontakt hatte. — Dauer: 2 Tage
> Ich lasse die 20 Senioren die Modulvarianten testen. — Dauer: 3 Wochen
> Ich werte diese Tests aus, vor allem in Bezug darauf, welches Medium (Video, Audio, Text) am besten ankam. — Dauer: 3 Tage

POSITION 9
Daran würde ich erkennen, dass ich mich auf 9 befinde:
> Ich hätte ...

etc.

Wenn Sie bis hierhin mitgemacht haben, dann sollte jetzt ein Etappenplan vor Ihnen liegen, der in klaren, realistischen Schritten den Weg zur Umsetzung Ihrer persönlichen Vision aufzeigt. Dieses Dokument wird Sie nun bis zum Ziel begleiten. Halten Sie darin Ihre Fortschritte fest, ergänzen Sie die Etappen um zusätzliche Ideen, die Sie leichter, schneller oder besser weiterbringen.

Lassen Sie Ihren Etappenplan am besten offen liegen oder heften Sie ihn an eine Pinnwand, sodass Sie sich immer wieder selbst an Ihren Weg erinnern und sich dazu bekennen, diesen zu gehen.

Im nächsten Segment zeige ich Ihnen, wie Sie sich selbst zur Umsetzung Ihres Plans motivieren können.

Der erste Schritt

»Auch der weiteste Weg
beginnt mit dem ersten Schritt.«
Konfuzius (551 v. Chr.–479 v. Chr.)

»Ein Freund, ein guter Freund, das ist das Schönste, was es gibt auf der Welt ...«, das sang schon Heinz Rühmann in »Die Drei von der Tankstelle«. Auch bei der Zielerreichung trifft das zu, denn Sie können sich selbst eine zusätzliche Motivation geben, indem Sie anderen Menschen von Ihrer Vision und Ihren Plänen erzählen. Dadurch machen Sie dann auch nicht so leicht einen Rückzieher. Außerdem werden diese Menschen Sie immer wieder nach Ihrem Projekt fragen und dieses Interesse wird Sie anspornen. Mitwisser haben zudem für Sie den Vorteil, dass sie gleichzeitig Ihre Unterstützer sind. Dadurch, dass Ihre Mitmenschen über Ihren Plan Bescheid wissen, werden diese von selbst ihre Hilfe anbieten und Sie auf zusätzliche Ideen bringen. Außerdem wird es Ihnen leichter fallen, jemanden um Unterstützung zu bitten, der schon im Thema ist, als eine Person, die Sie erst über das gesamte Vorhaben informieren müssen.

Die Psychologin Dr. Simone Schnall von der University of Cambridge leitete eine Untersuchung, bei der es darum ging, herauszufinden, welchen Einfluss die reine Anwesenheit eines Freundes auf unsere Leistungsfähigkeit hat. Dazu führte sie Probanden einzeln zum Fuße eines Hügels und bat um deren Einschätzung, wie steil dieser sei und wie anstrengend entsprechend der Aufstieg sein würde. Die Studie zeigte, dass die Einschätzung der Schwierigkeit im Schnitt um 15

Prozent geringer ausfiel, wenn die Probanden von einem Freund begleitet wurden. Sogar der bloße Gedanke an eine vertraute Person führte dazu, dass die Herausforderung des Aufstiegs als leichter bewertet wurde.

Sie haben jetzt ein klares Ziel vor Augen, das wirklich Ihren innersten Bedürfnissen entspricht. Sie verfügen über den konkreten Plan, wie Sie es in Etappen erreichen können, und Ihnen stehen Menschen zur Seite, die Sie auf unterschiedliche Art motivieren. Jetzt müssen Sie »nur noch« losgehen. Und schon meldet sich wahrscheinlich wieder diese kleine Stimme in Ihrem Kopf und nennt Gründe, warum es gerade jetzt ungünstig ist, sich auf den Weg zu machen und Ihre Vision in Realität umzuwandeln. Das können Sätze sein, wie:
»Es gibt doch gerade so viel zu tun.«
»Der Urlaub steht an.«
»Es ist doch alles gut so, wie es jetzt ist.«
»Der Plan ist noch nicht perfekt genug ausgearbeitet!«
»Was ist, wenn wir scheitern?«
usw.

In diesem Punkt ist unser kleiner Jammerlappen wirklich sehr kreativ. Den inneren Widerstand aufzulösen ist in diesem Fall jedoch recht einfach. Den Weg entdeckte in den 1920er-Jahren die russische Psychologiestudentin Bluma Wulfowna Zeigarnik.

Die junge Wissenschaftlerin saß in einem Wiener Kaffeehaus und beobachtete nebenbei die Kellner bei ihrer Arbeit. Dabei fiel ihr ein interessantes Phänomen auf: Wenn ein Gast zahlen wollte, hatte die Bedienung kein Problem damit, sich alle Bestellungen in Erinnerung zu rufen, um den Rechnungsbetrag zu ermitteln. Hatte jedoch ein Gast nach dem Bezahlen eine Nachfrage zu den konsumierten Speisen oder Getränken, dann fiel es dem Kellner schwer, sich an die eben noch präsenten Details zu erinnern. Zeigarnik schien es so, als würde mit dem Bezahlen ein mentaler Vorgang beendet, als würden sozusagen die Daten des Gastes im Gehirn der Kellner gelöscht. Um ihre Theorie zu überprüfen, entwickelte die Studentin ein Experiment, in dem Probanden einfache Aufgaben hintereinander auszuführen hatten, wie zum Beispiel Bauklötze aufzuschichten oder Spielzeug in eine Kiste zu räumen. Einige der Teilnehmer unterbrach die Versuchsleiterin, bevor diese ihre Arbeitsaufträge abschließen konnten. Danach wurden die Probanden gebeten, alle Aufgaben, die ihnen gestellt worden waren, möglichst detailliert zu beschreiben.

Auch unter Laborbedingungen zeigte sich das Phänomen, das Zeigarnik schon zuvor im Café beobachtet hatte: Diejenigen, die ihre Arbeit nicht vollenden durften, konnten sich leichter an Details erinnern als jene Teilnehmer, die ihre Aufgaben zum Abschluss bringen durften. Es ist fast so, als würde unser Geist aufatmen, wenn eine Tätigkeit abgeschlossen ist, und das Geschehene »ad acta« legen. Bei Aufgaben, an deren vollständiger Umsetzung wir aber gehindert wurden, entsteht so etwas wie eine geistige Unruhe oder Spannung und die Inhalte bleiben so lange präsent, bis alles erledigt ist.

Unerledigte Handlungen bleiben also besser im Gedächtnis haften als abgeschlossene. Zeigarniks Kollegin Maria Ovsiankina untersuchte dieses Phänomen noch weiter und fand heraus, dass die Unterbrechung einer uns persönlich wichtigen Aufgabe in uns das Bedürfnis auslöst, diese möglichst bald zu beenden – selbst wenn es keinen zusätzlichen Anreiz dafür gibt.

Was bedeutet das nun für die Realisierung Ihres Etappenplans? Fangen Sie einfach an! Beschäftigen Sie sich nur wenige Minuten mit ersten kleinen Schritten der Umsetzung. Das genügt, um den »Zeigarnik-Effekt« auszulösen. Was steht ganz oben auf Ihrem Plan, womit können Sie jetzt sofort beginnen? Vielleicht können Sie schon erste Umsetzungsschritte genauer ausarbeiten, Unterlagen, Bücher o. Ä. zum Thema zusammensuchen, Unterstützer kontaktieren, erste Entwürfe zeichnen etc.

Wenn Sie erst einmal angefangen haben, werden Sie den Drang verspüren, möglichst bald weiterzumachen, und Ihr Gehirn wird nicht eher Ruhe geben, bis Sie Ihren Plan umgesetzt haben. Also legen Sie bitte genau jetzt dieses Buch beiseite und beschäftigen Sie sich zehn bis fünfzehn Minuten mit den ersten Handlungspunkten auf Ihrem Plan.

Der Sprung in die Zukunft

Je nachdem, wo Ihr Startpunkt auf der Skala lag, ist der Weg bis zu Ihrem Ziel – der 10 – relativ lang. Wäre es nicht großartig, wenn es eine Abkürzung gäbe? Manchmal geht das tatsächlich!

Ein Beispiel dafür ist die Geschichte meines Klienten Herrn Schwarz. Wie Sie sich denken können, ist auch das wieder nur ein Deckname, den ich aus Gründen der Vertraulichkeit verwende. Herr Schwarz, ein Mann um die fünfzig, der bei unserem ersten Gespräch zusammengesunken vor mir sitzt, ist mit seinem Leben alles andere als zufrieden. Er erzählt, dass er in leitender Funktion in einer Krankenhausverwaltung arbeitet. Aus Platzgründen teilt er sich das Büro mit einem Kollegen, mit dem er jedoch nicht wirklich gut auskommt. Zu unterschiedlich sind die Wertvorstellungen und die Berufsauffassungen. Ein Gespräch mit seinem Kollegen hat nicht die erhoffte Klärung gebracht und die Bemühungen um ein eigenes Büro waren bisher erfolglos. Und so sitzt Herr Schwarz bei mir, da er nicht weiterweiß und die Situation für ihn unerträglich ist. Sein Ziel ist es, wieder entspannt und glücklich zu sein.

Ich bitte ihn, sein Ziel zu visualisieren. Anfänglich tut er sich schwer damit. »Woran könnte Ihre Umwelt bemerken, dass Sie entspannt und glücklich sind?«, helfe ich ihm. Wenn er im Beruf wieder entspannter wäre, würde er sich auch wieder mehr auf sein Privatleben konzentrieren können, erklärt er mir. Beim Frühstück würde er sich wieder mehr Zeit lassen, so wie früher. Im Augenblick schlingt er Brötchen und Kaffee morgens nur schnell herunter, da ihm allein der Gedanke an das bevorstehende Aufeinandertreffen mit seinem Kollegen den Appetit verdirbt. Seine Augen funkeln plötzlich, als er sagt: »Und ich würde endlich wieder tanzen gehen.« Danach sprudeln nur so die Aspekte heraus, an denen er bemerken würde, dass er sein Ziel erreicht hätte.

Am Ende des Coachings bitte ich Herrn Schwarz, in der Zeit bis zur nächsten Sitzung einfach mal so zu tun, als wäre er schon am Ziel. Als wäre ein Wunder geschehen und die Situation wäre gelöst. Er schaut mich verdutzt an. »Lassen Sie sich zum Beispiel beim Frühstücken ganz bewusst Zeit, gehen Sie tanzen und tun Sie möglichst viele andere Dinge, die Teil Ihrer Zielvision waren.« So richtig geheuer ist Herrn Schwarz das zwar nicht, da er aber nichts zu verlieren hat, lässt er sich darauf ein.

Einige Wochen später sitzt er wieder bei mir. Diesmal aufrecht und mit dem Funkeln in den Augen, das schon in der ersten Sitzung einmal kurz aufgeblitzt war. Er berichtet, dass er sich am Anfang wie ein schlechter Schauspieler vorkam, als er sich morgens extra Zeit beim Frühstück gelassen und ein paar andere Dinge aus seiner Zielvorstellung ganz bewusst getan habe. Mit der Zeit habe er aber bemerkt, wie gut das für seine Laune war. Den großen Durchbruch habe dabei das Tanzen gebracht. Er war in der Zwischenzeit zweimal beim Tanztee und kann kaum glauben, welche Lebensfreude ihm das wieder gebracht hat. Das Beste für ihn ist, dass ihm durch sein erfülltes Privatleben der Clinch mit dem Kollegen gleichgültiger geworden ist. Herr Schwarz erzählt, dass er inzwischen wesentlich entspannter zur Arbeit fährt, den Büropartner sogar fröhlich grüßen kann, was ihm lange nicht mehr gelungen sei. Und zur großen Überraschung meines Klienten geht dadurch sein Kollege auch mit ihm freundlicher um. Dadurch rückte für ihn die zuvor unmöglich scheinende Lösung, sich das Büro weiterhin zu teilen, wieder in den Bereich des Möglichen. Herr Schwarz hat die Erkenntnis gewonnen, dass sein Privatleben der Schlüssel zu seinem Glück ist, und beschließt, seine Energie ab jetzt nicht mehr in Auseinandersetzungen mit dem Kollegen zu investieren, sondern in seine Freizeit.

Dieser Beispielfall macht deutlich, dass wir teilweise der Meinung sind, Dinge müssten in einer ganz bestimmten Reihenfolge geschehen, damit wir glücklich werden. Es müssten sich also zum Beispiel zuerst der Kollege ändern, Freunde sich entschuldigen, der Chef uns befördern, die Kinder aus dem Haus sein usw., und erst dann wird unser Leben den von uns so ersehnten positiven Verlauf nehmen. Durch diese Annahme machen wir uns abhängig von äußeren Umständen und nutzen nicht unseren Spielraum (siehe »Phase 2 – Flexibilität trainieren«).

Es ist ein bisschen so wie die Frage, ob es zuerst die Henne oder zuerst das Ei gab. Das eine bedingt das andere und somit ist gleichgültig, wo wir beginnen. Diese Regel kann sogar bei so schwerwiegenden Themen wie der Depression gelten. Hier beschäftigen sich Forscher aktuell mit der Frage, ob Betroffene im Bett liegen bleiben, da sie depressiv sind, oder ob sie depressiv sind, weil sie im Bett liegen bleiben. Nach ersten Erkenntnissen trifft beides zu. Animieren sich depressive Menschen dazu aufzustehen, können sie selbst dafür sorgen, dass sich ihre Stimmung hebt.

Genauso verhält es sich bei vielen Aspekten unseres

Lebens: Müssen wir zuerst eine gewisse Summe Geld verdienen, bevor wir glücklich werden, oder verdienen wir leichter Geld, wenn wir glücklich sind? Starten wir erst wieder gut gelaunt in den Tag, wenn der Partner sich entschuldigt hat, oder wird der Partner sich eher entschuldigen, wenn wir gut gelaunt den Tag beginnen? Geben wir erst unser Bestes, wenn unser Chef uns befördert hat, oder wird er uns befördern, wenn wir unser Bestes geben? Beides ist jeweils möglich und in allen Fällen haben wir immer die Wahl, ob wir zuerst unser eigenes Verhalten abwandeln oder ob wir darauf warten, dass sich die Gegebenheiten ändern. Den größten Einfluss haben wir nun mal auf uns selbst und warum sollten wir das nicht nutzen?

▌IIIII Tool

»Zukunftstag«

Mit dieser Methode haben Sie die Möglichkeit, testweise Ursache und Wirkung in Ihrer Zukunftsvision zu vertauschen.

1. Schauen Sie Ihren Etappenplan und Ihre Zielvision noch einmal an. Bei welchen Aspekten haben Sie das Gefühl, dass Ihr Verhalten abhängig ist von äußeren Umständen?

2. Notieren Sie, wie Sie sich verhalten würden, wenn diese Umstände sich geändert hätten und Sie am Ziel wären. Spielen Sie in Gedanken einen Tag vom Aufwachen bis zum Einschlafen durch. Wichtig ist, dass Sie sich wirklich jedes Detail vorstellen.

   > Wann würden Sie sich zum ersten Mal anders verhalten, wenn Sie bereits am Ziel wären? Schon vor dem Aufstehen oder später?

   > Was würden Sie im Verlauf des Tages anderes tun?

> Wer genau würde alles wahrnehmen, dass Sie am Ziel sind? Partner, Freunde, Kollegen, Nachbarn etc.?

> Woran würden diese Personen bemerken, dass Sie am Ziel sind?

3. Wenn Sie morgen früh aufstehen, dann verhalten Sie sich den ganzen Tag ganz bewusst so, wie Sie es unter 2. notiert haben. Tun Sie einfach so, als wären Sie am Ziel, aber verraten Sie niemandem etwas davon. Beobachten Sie, welche Auswirkungen Ihr bewusst geändertes Verhalten auf Sie selbst und Ihr Umfeld hat.

4. Lassen Sie am Abend den Tag Revue passieren.

> Welche Ihrer Verhaltensänderungen hatten die größten Auswirkungen?

> In welchen Situationen oder im Umgang mit welchen Menschen haben Sie am deutlichsten Unterschiede wahrgenommen?

> Was davon werden Sie in den nächsten Tagen beibehalten, um noch mehr Erfahrungen zu sammeln?

> Welches Verhalten werden Sie weiterführen, da es sich schon jetzt für Sie positiv auswirkt?

> Welches andere Verhalten aus Ihrer Zukunftsvision werden Sie morgen auf seine Wirkung testen?

Legen Sie zwischendurch immer wieder solche »Zukunftstage« ein. Entweder indem Sie sich vor dem Schlafengehen ganz bewusst dazu entschließen, den nächsten Tag vom Aufwachen bis zum Schlafengehen so zu verbringen, oder indem Sie den Zufall entscheiden lassen, ob der nächste Tag ein »Zukunftstag« oder ein normaler Tag wird. Werfen Sie dazu zum Beispiel abends eine Münze, nachdem Sie definiert haben, wofür Kopf und Zahl stehen.

Diese Methode basiert übrigens auf der Technik der »Wunderfrage«, die von den Psychotherapeuten Steve de Shazer und seiner Frau Insoo Kim Berg entwickelt wurde. Die beiden gelten als Pioniere der »Lösungsorientierten Kurztherapie«.

Auch wenn diese Methode für Sie vielleicht unglaublich oder gar an den Haaren herbeigezogen klingt, geben Sie sich die Chance, sich von ihrer Wirkung zu überzeugen. So oder so können Sie nur gewinnen. Entweder Sie finden eine Abkürzung zu Ihrem Ziel, oder Sie haben einen weiteren Weg ausgeschlossen, auf dem es nicht geht – auch das ist eine hilfreiche Erkenntnis.

Thomas Alva Edison wurde einmal von einem Reporter gefragt, ob es für ihn nicht frustrierend gewesen sei, tausend Mal gescheitert zu sein, bevor er die idealen Bauteile für die Glühbirne gefunden hatte. Der Erfinder antwortete daraufhin: »Ich bin nicht tausend Mal gescheitert! Die Glühbirne war eine Erfindung in tausend Schritten.«

Ob Sie etwas in Ihrem Leben ändern, entscheiden nur Sie ganz alleine, denn nur Sie selbst können bestimmen, ob Sie bereit sind, den Preis zu zahlen, den Veränderungen mit sich bringen.

Lassen Sie sich auch von äußeren Widerständen nicht abbringen und finden Sie heraus, was Ihnen wirklich wichtig ist im Leben und welches Ziel Ihren echten Bedürfnissen entspricht.

Wenn Sie voller Selbstvertrauen die Dinge selbst in die Hand nehmen und den ersten Schritt wagen – dann werden Sie auch Ihre größten Ziele erreichen, die auf den ersten Blick unerreichbar erscheinen.

NACHWORT

NACHWORT

Brief an den Jammerlappen

Lieber Jammerlappen,

diesmal bin ich es, der sich an dich wendet.
Bei allen Meinungsverschiedenheiten, die wir im Laufe
des Buches hatten, möchte ich mich zum Abschluss bei
dir bedanken. Du bist ein sehr guter Wegweiser. Nicht
in dem Sinne, wie du es dir vielleicht vorstellst. Deine
Warnsignale sind vielmehr gute Hinweise darauf, dass
wir entweder schon auf dem richtigen Weg sind und
uns verändern, oder dass es an der Zeit ist, loszugehen.
Diese Signale können wir nutzen, um unsere Komfortzone zu verlassen, unsere Fähigkeiten zu erweitern
und zu wachsen. Wenn wir deine Unzufriedenheit richtig würdigen, können große Dinge geschehen. Und
dafür danke ich dir!

Dein

Es ist alles in unserem Kopf

Mir bleibt jetzt nur noch, Ihnen viele spannende Erkenntnisse bei der Umsetzung der »AUSGEJAMMERT!-Strategie«
zu wünschen. Bei allen Widerständen, die Ihnen der kleine
Jammerlappen bereiten wird, machen Sie sich immer wieder
bewusst, dass uns allen von der Natur eines der hochwertigs-
ten und machtvollsten Instrumente der Welt mitgegeben
wurde, mit dem wir Unglaubliches bewegen können: unser
Gehirn. Und auch wenn die »Hardware« zum Teil steinzeit-
lich ist, so haben wir doch immer die Chance, durch eine
»Softwareaktualisierung« dafür zu sorgen, dass wir unsere
grauen Zellen zeitgemäß und für unsere Zwecke nutzen können. Je konsequenter Sie also die in diesem Buch vermittel-
ten Techniken umsetzen, umso größer wird mit der Zeit Ihr
Einfluss auf Ihr eigenes Glück und Wohlergehen.

Unterschätzen Sie vor allem nicht die Kraft der Visualisie-
rungsübungen. Alle großen Erfindungen haben einmal mit
einem inneren Bild begonnen: das Papier, auf das dieses Buch
gedruckt ist, Ihre Kleidung, Ihr Handy usw. Alles war erst
nur ein Gedanke in dem Kopf eines einzelnen Menschen.
Wie lautet wohl der Gedanke, der als Zündfunke für Ihr persönliches Glück dienen wird? Welches ist die geistige Brille,
durch die Sie auf Ihr Leben schauen möchten?

Glück ist ein Geisteszustand und es spielt dabei keine Rolle, ob Sie arm oder reich sind, alt oder jung, dick oder dünn. Es ist alles in Ihrem Kopf. Also entscheiden Sie sich, glücklich zu sein.

Danke

Ich stelle gerade fest, dass auch bei Danksagungen die beiden Kräfte wirken, um die es in diesem Buch ging: der Drang nach Bindung und der Wunsch nach Selbstentfaltung. Wem danke ich, weil ich es »muss«, und wem, weil ich es wirklich will? Wen erwähne ich aus Pflichtgefühl und wem danke ich aus vollem Herzen? Ich entscheide mich für 100 Prozent Herz:

Als Erstes kommt mir Anne Stadler in den Sinn. Als Leiterin des Bereichs Taschenbuch Sachbuch bei Piper hat sie sich sehr schnell für mein Buchkonzept entschieden und ich danke ihr für das Vertrauen und das Engagement, mit dem sie mich unterstützt hat.

Dr. Bernd Slaghuis ist mein Mann mit dem Rotstift. Ohne seine konstruktiven Anmerkungen wäre das Buch nicht so gut geworden, wie es jetzt ist. Ich danke ihm für die klugen Fragen, die mich weitergebracht haben, und seine Geduld, wenn ich mich in Ideen verrannt hatte.

Ulrike Gallwitz hat als Lektorin diesem Buch noch mehr Schliff gegeben und es zum Funkeln gebracht. Danke für die einfühlsame und meisterliche Überarbeitung.

Meinen Coaching-Lehrern und -Kollegen, die mich bis heute begleiten, möchte ich danken für das Fachwissen, das sie mir vermittelt haben, und die Lebensphilosophie, die sie mir so eindrücklich vorleben. Allen voran richtet sich dieser Dank an Dr. Klaus Biedermann, Dr. Stefan Ahlstich und Beate Junginger.

Dass ich flexibel lebe und denke, habe ich meinen Eltern zu verdanken. Ich danke ihnen dafür, dass sie mir immer die Freiheit gelassen haben, meinen Weg zu gehen, ohne Angst haben zu müssen, meine Bindung zu ihnen zu verlieren. Sie haben mir beigebracht, neugierig auf Neues zu sein und kreative Lösungen zu finden. Ohne das wäre ich heute nicht da, wo ich jetzt bin.

Zu guter Letzt gilt mein Dank meinen Klienten, die mir über die Jahre ihr Vertrauen geschenkt haben. Bei jedem Coaching lerne ich etwas Neues über das Leben, das Denken und das Glück. Danke!

ANHANG

Verzeichnis Tools

Minianleitung »Blitz-Hirn-Evolution«

Blitz-Hirn-Evolution

1. Was ist ganz genau passiert?

2. Wie fühle ich mich gerade?

3. Woran würde ich bemerken, dass die Situation besser geworden ist?

4. Was wäre noch ein Zeichen dafür, dass es aufwärtsgeht?

5. Was würde ich anderes fühlen, denken oder tun, wenn es besser oder sogar gut wäre?

6. Angenommen es gäbe eine erste Idee, was ich tun könnte, um die Situation ein wenig zu verbessern, was wäre das?

7. Was wären weitere kleine Dinge, die ich positiv beeinflussen könnte?

© Mathias Fischedick

Skala »Etappenplan«

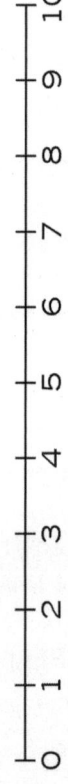

»Erfrischend!«

*Cover- und Preisänderungen vorbehalten

Rebecca Niazi-Shahabi

Ich bleib so scheiße, wie ich bin

Lockerlassen und mehr
vom Leben haben

Piper Taschenbuch, 272 Seiten
€ 9,99 [D], € 10,30 [A], sFr 14,90*
ISBN 978-3-492-30056-8

Beim Versuch, schlanker, schlauer und schöner zu werden, mal wieder gescheitert? Den Traumjob knapp verpasst? Egal, denn wer hat eigentlich behauptet, dass Erfolgreichsein der Normalzustand ist? »Ich bleib so scheiße, wie ich bin« macht Schluss mit der Selbstoptimierung. Schluss mit der Wahnsinnsidee, dass man das Leben besonders effektiv zu nutzen habe. Besser werden heißt wahnsinnig werden, also: Bleiben Sie dick, faul, jähzornig – und glaubwürdig.

PIPER

Leseproben, E-Books und mehr unter **www.piper.de**

Eine humorvolle philosophische Reise zu den großen Fragen des Lebens

DANIEL KLEIN

Immer wenn ich den Sinn
des Lebens gefunden habe,
ist er schon wieder woanders

PIPER

PHILOSOPHIE
FÜR JEDEN TAG

*Cover- und Preisänderungen vorbehalten

Daniel Klein

Immer wenn ich den Sinn des Lebens gefunden habe, ist er schon wieder woanders

Philosophie für jeden Tag

Aus dem Amerikanischen von
Ralf Pannowitsch
Piper Taschenbuch, 224 Seiten
€ 10,00 [D], € 10,30 [A]*
ISBN 978-3-492-31086-4

Warum empfiehlt Aristippos unmoralische Freuden? Wieso mahnt Friedrich Nietzsche dazu, gefährlich zu leben? Und weshalb setzt David Hume unser Leben in Bezug zu dem einer Auster? Daniel Klein führt uns in diesem Buch zu den Philosophen, die ihn als sinnsuchenden jungen Mann inspiriert haben. Nun, mit Anfang 80, unterzieht er die Überzeugungen von einst einer harten Prüfung, um am Ende herauszufinden, dass der Sinn des Lebens immer schon wieder woanders ist, sobald man ihn gefunden hat.

PIPER

Leseproben, E-Books und mehr unter www.piper.de

Wissen, was richtig ist – und warum!

Bernward Gesang

Darf ich das oder muss ich sogar?

Die Philosophie des richtigen Handelns

Piper Taschenbuch, 256 Seiten
€ 10,00 [D], € 10,30 [A]*
ISBN 978-3-492-31058-1

Braucht die Moral Gott oder braucht Gott mehr Moral? Dürfen Windräder ins Naturschutzgebiet gebaut werden? Wie wäre es, unsterblich zu sein? Auch wenn kein Rezept für richtiges Handeln existiert, gibt es kaum ein besseres Werkzeug zur Entscheidungsfindung als die Philosophie. Mithilfe scharf umrissener Konzepte wie Universalisierung, Konsequentialismus oder moralischer Utilitarismus führt Philosophieprofessor Bernward Gesang fundiert, humorvoll und verständlich in die Ethik ein und bietet dabei Antworten auf die wichtigen Fragen des Lebens.

PIPER

Leseproben, E-Books und mehr unter **www.piper.de**

Wie erkenne und nutze ich meine Chancen?

Hermann Scherer

Glückskinder

Warum manche lebenslang
Chancen suchen – und andere sie
täglich nutzen

Piper Taschenbuch, 240 Seiten
€ 9,99 [D], € 10,30 [A], sFr 14,90*
ISBN 978-3-492-30280-7

Der Fisch springt nicht an den Haken und das Reh läuft nicht vor die Flinte. Genauso will auch die Chance gejagt sein. Statt darauf zu warten, dass ihnen das Gute in den Schoß fällt, setzen Glückskinder ihre Chancenintelligenz ein: die Fähigkeit, Chancen zu erkennen und zu nutzen – und zwar die richtigen! Klingt banal? Warum sind wir dann nicht alle Glückskinder? Hermann Scherer erzählt von Menschen, die Chancen in scheinbar unbedeutenden oder gar ausweglosen Situationen gesehen und ergriffen haben.

PIPER

Leseproben, E-Books und mehr unter **www.piper.de**